梁启超
与近代中国自由主义

Liang Ch'i-ch'ao and Modern Chinese Liberalism
Philip C. Huang

[美]黄宗智 著　王圣 译

西北大学出版社
·西安·

本翻译专著系第一批海南省"南海系列"育才计划(2019)南海名家青年项目后期阶段成果。

致萧公权教授

目 录

序 …………………………………………………………… 1
第一章 导言 ………………………………………………… 1
第二章 从今文经学到"民主"改革，1890—1898……… 13
第三章 新民思想和明治日本的影响 ……………………… 41
第四章 梁启超思想中的自由主义与民族主义 …………… 77
第五章 改良还是革命 ……………………………………… 95
第六章 国家政治 …………………………………………… 125
第七章 融合与自由主义 …………………………………… 155
第八章 近代中国自由主义 ………………………………… 177

附录 ………………………………………………………… 185
    词汇表 …………………………………………………… 187
    参考书目 ………………………………………………… 197
    索引 ……………………………………………………… 214

译后记 ……………………………………………………… 238

序

对早期中国自由主义者梁启超的研究,涉及他的思想及渊源、他的思想张力、他在行动中遇到的挑战,以及他试图调和儒学与自由主义原则之间的差异。

三大材料构成了本研究的骨干:四十册《饮冰室合集》——梁氏最完整的著作集;丁文江主编的三卷本《梁启超年谱长编》,其中包括数千封梁氏信笺;以及迄今未被发掘的有关梁启超的日本资料,包括尚未公布的日本警方对梁在日活动的报告。

本文得益于大部分现有的梁启超学术研究,都在参考文献中予以了讨论,并在正文和脚注的适当位置予以注明出处。

我的导师萧公权教授促使我走向了梁启超研究的道路。他的教学和学术对我来说一直是值得效仿的榜样,也是我源源不断的灵感源泉。他和我在华盛顿大学的其他导师唐纳德·特雷哥尔德(Donald Treadgold)教授和赫尔穆特·威尔海姆(Hellmut Wilhelm)教授一起,在1963年至1966年的整个论文写作过程中,连续审阅了论文的草稿,并给予了我宝贵的指导。继而当我疑虑此文是否应该被出版时,萧教授、特雷哥尔德教授和威尔海姆教授又再次给了我必要的鼓励和帮助,使我能够完成似乎是没完没了的论文修改工作。

市古宙三（Ichiko Chūzō）教授把我介绍给了从事近代中国研究的日本学者，让我得以搜寻资料，并最终发现了数千页关于梁启超的日本警察报告。康有为的学生毓鋆先生开阔了我的中国古典学术和公羊学派的视野。弗雷德里克·莫特（Frederick Mote）教授通读了整篇论文，给了我宝贵的批评。马蒂·沃尔夫森（Marty Wolfson）和理查德·路易（Richard Louie）甚至在修订任务开始之前就向我提供了有益的编辑意见。大卫·法夸尔（David Farquhar）帮助我认识到外来词作为文化影响因素的作用。通过与艾德·弗里德曼（Ed Friedman）交谈，我避免了对民国初期中国政治形势的一些严重误解。安瑞福·德里克（Arif Dirlik）、大卫·法夸尔、拉瑞·金凯德（Larry Kincaid）和彼得·瑞尔（Peter Reill）就书稿的各个方面给了我有益的建议。

我的妻子凯特（Kate）陪伴我完成了我的第一个重要的学术研究，她比我更清楚其中的甘苦。

第一章

导言

第一章 导言

梁启超的一生经历了帝制中国的最后四十年和共和中国的最初二十年。1873年他出生时，中国还在试图仅仅通过采用西方技术来迎接现代西方的挑战。儒家思想无论是作为帝国秩序还是作为一种伦理制度，都没有受到质疑。而1929年梁启超去世时，思考中国的前提假设已经发生了蜕变——儒学受到了全面的冲击，许多中国知识分子理所当然地认为，中国必须彻底改变，才能实现现代化。1911—1912年的政治革命结束了两千年帝制；1917—1921年的新文化运动则对中国传统发起了全面的冲击。从19世纪90年代到20世纪20年代近三十年的猛烈而激进的变革时代，梁启超是这部中国政治与思想变革之戏剧的主角。

中国在1894—1895年甲午中日战争的惨败，暴露了上一代人改革的不足之处，1895年他开始了自己的政治家和宣传家生涯。他富有说服力且常常充满激情的论点，以及他清晰而简洁的文笔，几乎在一夜之间使他名满天下。但1898年政变在以太后为中心的保守势力推动下以失败告终，维新运动戛然而止，梁启超出逃日本。在那里，接下来的14年，他作为许多期刊的编辑和作家，向他的同代人介绍了诸如民族主义、帝国主义、社会达尔文主义和自由主义等新思想。其间，他和他的老师康有为（1858—1927）成立了致力于宪政改革的政党，并与孙中山（1866—1925）的革命党进行竞争，以图掌握中国命运。

梁启超从未坚定地效忠清王朝，1911—1912年革命爆发时，他很容易就与共和调和了。在创建民国的初期，他领导成立了温和政党进步党,成为中国新生议会中与革命派的国民党竞争的主要政党,同时他还担任过两次内阁部长。他希望"在可能范围之内有所展布"①,但他的努力总是被掌握实权、对自由主义改革无益的军阀所挫败。

1917年后,他开始从事教学和学术写作,再次将注意力集中在他认为必要的东西上——教育以创造一种新的中国公民。在他的历史著作中,他力图勾勒出一种新的文化的大致轮廓,这种新的文化既不是东方文化,也不是西方文化,而是包含了东西方的元素,能够为中国的现代化提供基础。

在这些年里,梁启超撰写了大量各类主题的文章,全部作品总计超过40卷,②包括专著、讲座、演讲,以及出现在1895年到1916年他编辑的9种刊物中的文章。③这些著作涵盖了文学、法学、金融和政治,研究西方、中国和日本的历史,探索西方、中国和日本的思想,当时持续讨论的议题和问题已包含其内。

在中国近代思想的广阔视野中,梁启超及其同时代的人(尤

---

① 《梁任公先生年谱长编初稿》,第434页。
② 最完整的版本是《饮冰室合集》,40本。
③ 9种刊物为:《中外公报》(日报,1895年5—11月;发行量约3000份);《时务报》(每月3期,1896年8月9日—1898年8月8日,共66期,梁启超担任主编至52期;发行量约12000份);《清议报》(每月3期,1898年12月23日—1901年12月21日,100期;发行量3000—4000份);《新民丛报》(每月2期,1902年2月8日—1907年11月20日,96期;发行量约10000份);《新小说》(不定期,1902年11月—1905年10月,10期;发行量不详);《申论》(月刊,1907年9月—1908年7月,7期;发行量不详);《国风报》(每月3期,1910年1月—1911年6月,52期;发行量约6000份);《庸言》(每月2期,1912—1914年,29期;发行量约10000份);《大中华》(月刊,1915年1月—1916年12月,24期;发行量不详)。参见张朋园《梁启超与清季革命》,第254—321页;以及戈公振《中国报学史》,第125—127页。

其是翻译家严复，1854—1921）是 19 世纪至 20 世纪中国思想史上举足轻重的人物。他们在洋务运动——以曾国藩（1811—1872）和李鸿章（1823—1901）为代表，1898 年以张之洞（1837—1909）的名言"旧学为体，新学为用"①最终为其明确方案——的意识形态下成长，但并不受制于此。他们影响巨大，但随后蔽于五四时期年轻一代知识革命者。他们是在传统教育体制下成长成熟的最后一代，也是面对现代思想冲击的第一代。他们是真正跨越传统与现代、中国与西方文明的一代。

梁启超是这关键一代中的杰出人物，并非全由于其思想的新颖和深刻，而主要是因其作为新思想的推广者所具有的巨大影响力。他的作品为 1911—1912 年的政治革命铺平了道路。②尽管他被视为康党，因此站在革命党的对立面，而事实上他摇摆于革命与改良之间，两者经常在其作品中争论不休，此消彼长。特别是 1898—1903 年期间，他的文章充满了革命的情怀。这也是梁启超在中国最受欢迎和最有影响力的时期。1903 年，他的《新民丛报》发行量接近 10000 份。③通过这个刊物，梁启超严厉批评专制统治和清政府，他的民族主义和自由民主思想的输入，以及他慷慨激昂地呼吁"破坏"以废除旧习惯和旧价值观念，使许多人的思想为革命纲领作好了准备。

---

① 《劝学篇》，《张文襄公全集》，卷 203：3；参见狄百瑞（de Bary）等编《中国传统典籍》（*Sources of Chinese Tradition*），第 748 页。此语更广为人知的是"中学为体，西学为用"的警句。

② 很多学者持此看法。胡适：《四十自述》，第 47—48 页；萧公权：《中国政治思想史》，第 770—771 页；曹聚仁：《文坛五十年》，第 67 页；张朋园：《梁启超与清季革命》，多处。

③ 张朋园：《梁启超与清季革命》，第 296—297 页。

他的著作的影响也超越了1911—1912年的革命。早在1896年，在以白话文取代文言文为标准的文学革命之前的二十年，梁启超就已经倡导白话写作。① 1902—1905年间他创办《新小说》，为此他亲自撰写了一篇白话小说②。即便他用文言文写作时，也像他的大部分文章那样，"平易畅达"，"时杂以俚语韵语及外国语法"③，并且"带着浓挚的热情，使读的人不能不跟着他走"④。著名文学史家郑振铎认为梁启超的文章"开辟了一个新的世界"，并且"使青年人能够自由表达自己"。⑤

他的历史著述开创了中国新史学的新潮流。1902年，他呼吁建立"新历史"，不是关于朝廷或个人的历史，而是关于国民的历史。⑥他完成于同年的《论中国学术思想变迁之大势》则是近代中国研究中第一部思想史著作。⑦知识革命的领军人物胡适（1891—1962）回忆说梁启超此作为他"开辟了一个新世界"，当时他决定将来"替梁任公补作"中国思想史的计划。⑧另一位杰出的20世纪中国历史学家顾颉刚（1893—1980）同样回忆，在1911—1912年革命前的几年里，"梁先生的著作席

---

① 《变法通义》，《饮冰室文集》，1：54。
② 《新中国未来记》，《饮冰室专集》，89：1—57。
③ 郑振铎：《梁启超先生》，第351页。参见胡适《四十自述》，第50页。
④ 郑振铎：《梁启超先生》，第50，52页。
⑤ 同上书，第351页。
⑥ 《新历史》，《饮冰室文集》，9：1—31。
⑦ 《论中国学术思想变迁之大势》，《饮冰室文集》，7：1—103。
⑧ 胡适：《四十自述》，第52—53页。

梁启超（摄于约 1900 年）

梁启超(摄于约 1920 年)

卷全国",顾先生自己"也被这股潮流席卷"。①

的确,梁启超在20世纪初的作品,比当时任何人都更有助于塑造中国新时代知识分子的思想。

这一代知识分子是1905年废除科举考试、建立新的教育体制后成长起来的第一代人,也是数量众多的第一批留学生(主要前往日本),同时也是五四新文化运动的领导者。陈独秀(1879—1942),五四时期最具影响力的刊物《新青年》的创办者以及中国共产党的创始人之一,在下面这段文字中承认梁启超对他的影响:

> 吾辈少时,读八股,讲旧学,每疾视士大夫习欧文谈新学者,以为皆洋奴,名教所不容也;前读康先生及其徒梁任公之文章,始恍然于域外之政教学术,粲然可观,茅塞顿开,觉昨非而今是。吾辈今日得稍有世界知识,其源泉乃康梁二先生所赐……厥后任公先生且学且教,贡献于国人者不少……②

毛泽东同样向埃德加·斯诺(Edgar Snow)回忆在他16岁时,他"崇拜康有为和梁启超",并且"反复阅读"梁启超在《新民丛报》上的文章,直到"能够背诵下来"。③为了表达对梁启超的喜爱,或表达作为"任公"梁启超的追随者,毛泽东取了"子任"的别名。④正如胡适所言,那些读过梁启超这一

---

① 顾颉刚:《古史辨》前言,第11—12页。
② 陈独秀:《驳康有为致总统总理书》,第1页。
③ 埃德加·斯诺:《红星照耀中国》(Red Star Over China),第133页。
④ 周士钊:《第一师范时代的毛主席》,《新观察》第2卷第2期(1951年1月25日)。感谢已故的夏济安教授让我注意这篇文章。

时期慷慨激昂的作品的人,"无不为他所动摇和感动"①。梁启超对陈独秀、毛泽东和胡适的影响,引出这样一个问题:梁启超为接续其后的中国思想留下了什么?陈独秀当然是正确的,他赞誉梁启超为他介绍了新思想以及让他了解到"域外之政教学术,粲然可观"。梁启超于1920年评价他自己对中国现代思想史的贡献是"具有大的破坏性影响",因此"开辟了新地",而不是建设性的指导。但是以后见之明来审视这段思想文化史,我认为梁从1898年至1903年的著作,定义了20世纪中国大部分思想的一些基本假设,这些假设跨越了后来自由主义者和马克思主义者之间的分歧。在五四前后,由于这些假设已经被认为是理所当然的,它们被越来越多的流行主义所掩盖,这些主义逐渐占据了思想论争的前景。然而在梁启超20世纪初的作品中,它们却非常清晰,因为当时它们是崭新且颇富争议性的。

当然,影响力仅是梁启超人生和思想意义的一个方面。梁启超的前后矛盾,相较于其显具影响力的思想,则讲述了一个更大的故事。他的倾向强调个人自由的古典自由主义与他的呼吁强力政府的国家主义的拉锯战,显露出现代中国自由主义的基本悖论。并且梁启超所遭遇的持续扩大的理想与中国现实之间的鸿沟,也正是困扰大多数近代中国知识分子的难题。

梁启超学术生涯的最后阶段,在他从中国思想界的聚光灯下淡出之后,则讲述了另一个更大的故事。梁启超幼年时接受了正统的传统教育。19世纪90年代,在康有为的领导下,他

---

① 胡适:《四十自述》,第52页。

以异端——尽管如此，但仍然是以儒家今文经学为基础——反对正统的传统。1898年后，他对整个儒家传统进行了批判，转而接受了新近获得的价值观。然而他与传统并非决然断裂，他的儒家思想依旧与其新思想相互影响与作用。五四时期及其以后，由于对"全盘西化"的激进呼声感到震惊，梁启超转而强调儒家传统的永恒价值。但是，他此时所转入的儒学与他在19世纪90年代所信奉的儒学截然不同——它已经摆脱了制度的以及社会的负累。梁启超此时强调的是一种思维方式和利他主义的普遍态度。在思想史家看来，梁启超的学术生涯是中国西化时期儒学防线衰退的一个缩影。梁启超晚年思想内容有助于区分儒家思想更为基本的、顽强的一面，以及更易丢弃的一面。

最后，梁的思想变化过程的本质，反映了中西思想在近代中国的相互作用。在梁的例子中，这种相互作用的过程围绕着两个特定的思想集群——古典自由主义和儒家思想。它还涉及一个额外的复杂因素，也是梁启超的许多同代人所共同面临的问题：梁启超从未学习过一门欧洲语言，日语是他唯一能读懂的外语。1898年后，他的思想发生了复杂的变化，在很大程度上正是由于阅读了日文，以及与日本知识分子逐步深入地接触。在某些情况下，他的新思想是受到日本本土思想影响的结果。而更多的情况则是他的儒家思想和西方思想相互作用的结果，但那是经过了日本人的选择、解释后过滤出来的西方思想。这一相互作用的过程不只是一套思想被另一套思想所取代。相反，就像在化学反应中一样，每一种元素都会影响另一种元素，产物既不是这个也不是那个，而是一种具有自身独特性质的新东西。这就是梁启超思想的变化过程，正如中国近代思想的变化一样。

第二章

从今文经学到"民主"改革，1890—1898

第二章 从今文经学到"民主"改革，1890—1898

梁启超于1873年出生在一个没有被通商口岸的变化所影响的村庄和家庭。这家人在广东西南新会县熊子乡一个叫茶坑村的小岛上住了"十世"。梁启超的祖父梁维清（1815—1892）曾考取科举最低等级"生员"并以此进入"底层士绅"的行列。但是他再无进阶，家庭的经济状况仍然很拮据。父亲梁宝瑛（1849—1916）也是一名士人，境况也并不好——他以在村中教书为生。当小启超被证明是一个早慧的孩子时，无怪乎整个家族将全部的希望压在他的身上。对于梁氏家族而言，一个出身低微的男孩要在儒家的世界取得成功，就必须登上科举考试的阶梯。因而启超将要为此经历一个严苛的过程。

他表现优异，并且进步的速度比大多数人都快。三四岁时，他跟随祖父和母亲学习四书和《诗经》。五岁时在父亲的教导下，很快完成了五经的学习。八岁时，他已经能够写千字长文，并很快获得了神童的赞誉。三年后，他通过了科举的第一级考试，成为生员。

此时他必须将注意力集中在进一步的科举考试之上。他花了一年的时间学习帖括——一种毫无趣味地背诵经书中艰涩段落以组成韵文的训练。接着是训诂学，这是一门主流的考据学。1887年，梁启超考入了附近一所以经学研究而闻名的学校——学海堂。两年后，他通过了乡试。年仅16岁的他已然成为一名举人，晋身"上层士绅"，已有资格获得官职。他的表现给主考官李端棻留下了深刻的印象，李将妹妹许配给了他。一年后，这对年轻人结为夫妇。至此，几乎没有什么能阻挡梁启超走上辉煌的仕途——他拥有及第身份,同时还有更为重要的资源:良好的人脉。

令人讶异的是,这个年轻人的才智幸免于经受多年陈腐记忆的迂腐摧残。早在 11 岁时(那年他集中精力于背诵由经文中艰涩段落组成的韵文),他就背离了先前接受的正统教育,转而逃避于清贫的家中为数不多的几本藏书——唐诗、《史记》、《汉书》。1890 年,他偶然看到了徐继畬 1848 年出版的《瀛寰志略》,以之大开眼界,这是他"始知有五大洲各国"。[1]他将很快推翻他已经记诵的一切。

他从学海堂的同学陈通甫那里得知了康有为,决定和陈通甫同往拜谒。此次会面被证明是一次极为重要的相遇。根据梁启超自己的描述,康有为"大海潮音,作狮子吼,取其所挟持至数百年无用旧学更端驳诘,悉举而摧陷廓清之",使得这个年轻人好像"冷水浇背,当头一棒"。经过一个不眠之夜,梁启超又去拜会康有为,了解了"史学、西学之梗概"。对于梁启超而言,这是他"生平知有学自兹始"。他决定退出学海堂,"舍去旧学",并敦请康有为在广东创立新学校。新校万木草堂于次年创办,梁启超成为其优异的学子。[2]

在那里,梁启超花了三年时间研究了康有为对经学作激进重解的今文经学。他协助康有为完成了《新学伪经考》,指出古文经系刘歆(?—23)伪造,是王莽(前 45—23)篡权的产物。梁启超同样也是少数几个熟悉康有为更为激进思想——后

---

[1] 以上根据《梁启超年谱长编》,第 1—15 页。
[2] 同上书,第 15—16 页。

形成康有为的《大同书》——的学生之一。①在康有为的学堂学习的今文经学成为他此后思想的出发点。

今文经的遗产②

"今文经"和"古文经"最初仅指经文的文字风格。先秦焚书后，西汉初年所有经文全凭记忆保存下来，被以当时的隶书记录下来，尚未有后来的今文经和古文经的分歧。然而，汉景帝（前157—前141年在位）时，以先秦大篆书写的经文据称在孔子故居被发现。尽管如此，那些以当时的隶书书写的今文经仍然保持了相当长一段时期的优势地位。后来在汉武帝（前141—前87年在位）倡导下，儒学开始主导官学和知识分子的生活，当时完全是今文经学派。③西汉末年，在刘歆和王莽的主导下，古文经学开始发展起来。④此后，尽管在光武帝（25—57年在位）的倡导下今文经学恢复了其早期在官方的显学地位，但是古文经学的影响仍然在继续扩大。至何休（129—182）时，今文经学已经处于守势。⑤汉以后，今文经学逐渐退隐到

---

① 《梁启超年谱长编》，第16页。
② 下文对于今文经学派历史的简要讨论，是从已有的相关研究中得出的。其中一些观点基于我在台湾师从康有为的学生毓鋆时的研究。当然，对于这个复杂的故事的全面梳理需要多年的开创性研究和数百页的篇幅。
③ 皮锡瑞：《经学历史》，第73页。
④ 同上书，第88页。
⑤ 关于汉代经学史的讨论，参见曾祖森《白虎堂：白虎堂综述》，第82—176页。曾文深入探讨了今文经学与古文经学的关系，以及汉代的伪经等重要问题。参见本田成之《中国经学史》第143—236页。就今文经学和古文经学关键性区别的简要分析（从不限于两学派之区别的角度），参见周同同《经今古文学》。

中国思想史的背景之中,直到 19 世纪的下半叶。

19 世纪的今文经学家特别重视董仲舒(前 179—前 104)和何休。那么,董仲舒与何休思想中的哪些因素与 19 世纪改革家如魏源(1794—1857)、龚自珍(1792—1841)以及康有为有着关联?

董仲舒的政治思想主要集中在对《春秋》的解读上。①对于董仲舒来说,这部简史并不仅仅是对春秋时期事件的历史记载,而是包含着"微言大义"。假如正确阅读,这本经书将揭示孔子"新王"的政治思想。因为,按照董仲舒的说法,孔子是"素王"或"无冕之王",有王者之德,而无王者之位,并且要为"新王"创立新制。这些大义藏于《春秋》的微妙的书写方法之内,而引导人们获得真义的最好的注解就是《公羊传》。②

董仲舒认为孔子是一种新的统治体系的创造者,而这一观点与 19 世纪的改良派尤其相关。他的"三统"理论——即有三种制度模式,对应夏、殷、周三朝,分别象征以黑、白和红三色,每个新的朝代依次采用一种新的制度模式③——能够被用于支撑变革的论据。而且,对经典微言的强调同时也增加了对经文解释的弹性。而所有这些观念都被康有为戏剧性地应用到激进变革的论据之中了。

---

① 萧公权:《中国政治思想史》,第 293—300 页。参见冯友兰《中国哲学史》,第 502—545 页。
② 冯友兰:《中国哲学史》,第 538—539 页。
③ 有关董仲舒"三统"理论的充分论证,参见吴康(Woo Kang)《春秋政治学说》(*Les Trois Théories Politiques du Tch'ouen Ts'ieou*),第 136—161 页。"三统"理论对康有为的影响,参见萧公权《康有为与儒教》,《华裔学志》,18(1958):142—143。

董仲舒思想的另一面,为19世纪公羊改良派增添了汉代今文经学的针对性。董仲舒政治思想的中心围绕着古儒"仁政"的原初理想展开:统治者同时是道德导师;政治的根本是教化。①但是,董仲舒对天的隐晦含义的论述,远远超出了古儒的范畴。孔子很少谈及"天道"。荀子明确拒绝任何关于天的猜测。不可否认,孟子证明了一定程度的神秘主义的存在。②但在董仲舒那里,随着阴阳和儒学思想的融合,③天人感应的假设是他政治思想的基石。在董仲舒看来,天不仅授予皇权,同时持续监视着统治者,并在征兆中显示其认可(灾异)。统治者的职责就是充当天与民之间的中介(在这里,董仲舒详细论述了紧随阴阳、五行等之后的统治模式)。统治者以天为榜样,并为民树立榜样。如果他未能履行自己的职责,他将受到征兆的警告,并最终可能失去天授之权。④

这个论点后来被用来描述统治者的人格实际上是超自然的,不可侵犯的。但是,正如萧公权教授所指出的,董仲舒的意图是通过要求更高的天权以限制君主专制权力。他很少谈及吉兆而多是凶兆。⑤今文经学传统的模糊性,有利于康有为利用它来抨击专制统治。

何休是东汉今文经学的杰出继承者,他在另一个方面使东汉今文经学遗产与19世纪后期的公羊改革家紧密相关。董仲

---

① 萧公权:《中国政治思想史》,第298页。
② 孟子思想的神秘主义,参见冯友兰《中国哲学史》,第163—166页。
③ 董仲舒阴阳思想的影响,参见冯友兰《中国哲学史》,第497页及其后。
④ 萧公权:《中国政治思想史》,第293—297页。
⑤ 同上。

舒的历史观是周期性的,但在何休那里,"传闻之世"等同于"衰乱","所闻之世"等同于"升平世","所见之世"则等同于"太平",提出了一个向前的线性进步观点。①

清代今文经学家

18世纪下半叶今文经学的复兴,既是汉学思潮的产物,也是对当时汉学(或考证)的反动。在清政府的高压统治下,特别是在乾隆一朝"文字狱"时期,文人开始把自己局限在狭隘的考据学术追求之中。始于庄存与(1719—1788)的今文经学复兴,正是清代中期"经世之学"的产物,因为后者的汉学复兴必自然地回溯到西汉今文经学。②但这又不仅仅是一种结果,对于庄存与这样的学者而言,他是在自觉地反对当时盛行的狭隘的考据学。③

在庄存与那里,《公羊传》再次被选为《春秋》三篇注释中最重要的一篇。庄存与同样维护董仲舒《春秋繁露》的权威。④尽管他并不是彻底的今文经学派(例如,他承认《尚书》的古文经版本的真实性),⑤但是他无疑被视为今文经学派复兴的第一人。自他起,一批学者再次开始形成了寻找"微言

---

① 萧公权:《中国政治思想史》,第307页。
② 宇野哲人著,马福辰译:《中国近世儒学史》,2:第412页及其后。
③ 钱穆:《中国近三百年学术史》,第523—525页。
④ 宇野哲人著,马福辰译:《中国近世儒学史》,2:第412页及其后;徐世昌:《清儒学案》,卷73。
⑤ 恒慕义:《清代名人传略》,第519页;徐世昌:《清儒学案》,卷73。

大义"的读经路径。①

庄存与最杰出的继承者是他的外孙刘逢禄(1776—1829)。对于刘和庄来说,《春秋》是儒家经典的关键。②刘写了十多部关于这部经文的研究著作。他重新审视了东汉郑玄、何休之间的争论③,强调是董仲舒与何休保留了"隐义"。④在一项划时代的经学研究中,刘逢禄试图证明《左传》原本为史,《左氏春秋》仅是后来被刘歆误用和伪作为新的《春秋》注解。⑤这一研究打破了随后康有为所要挑战的古文经的根本。

庄存与生活在正统汉学的鼎盛时期,因此他不得不把自己的研究仅传授给家族的直系亲属以及少数学生。⑥然而到了刘逢禄时期,舆论已经发生转变。刘逢禄公开将源自其经学研究的原则应用于实践。⑦事实上,这种经世致用本身就是今文经学派的生命力以及对汉学学术关注的合乎逻辑的产物。刘逢禄奠定了下一代今文经学家使用公羊思想作为改革理论基础的基调。

---

① 恒慕义:《清代名人传略》,第519页;徐世昌:《清儒学案》,卷73;梁启超:《清代学术概论》,《饮冰室专集》,34:53。
② 钱穆:《中国近三百年学术史》,第527页。
③ 何休著有《左氏膏肓》《穀梁废疾》以及《公羊墨守》。郑玄以《箴膏肓》《起废疾》《发墨守》予以挑战。虽然郑玄的学术训练和视野兼及古文经和今文经,但是他的著述无疑终结了今文经学派。见周予同为皮锡瑞所作序,《经学历史》,第2,142—149页。
④ 钱穆:《中国近三百年学术史》,第527—528页;参见徐世昌《清儒学案》,卷75。
⑤ 恒慕义:《清代名人传略》,第518页;参见梁启超《清代学术概论》,《饮冰室专集》,34:5。
⑥ 徐世昌:《清儒学案》,卷73。例如,庄存与的《春秋正辞》直到1827年才出版,距离其逝世已经40多年了(恒慕义:《清代名人传略》,第207页)。
⑦ 徐世昌写道:"刘逢禄……授礼部主事。在部十二年,恒以经义决疑事,为时所推崇。"(《清儒学案》,卷75)参见恒慕义《清代名人传略》,第518页。

魏源和龚自珍①见证了晚清帝国与西方日益密切的商业关系。他们目睹了鸦片贸易的扩张以及鸦片战争的爆发，这场战争标志着西方强国向衰落的帝国发起全面挑战的开始。魏源目睹了太平天国起义。对他们两人来说，切实可行的改革是中心问题。②

龚自珍的职业生涯非常令人沮丧，从未能从微末的职位上升迁，但他仍然专注于当时更宏观的实际问题。他把当时社会、政治和经济的颓败归因于清政府，强调培养人才和"人心"的重要性。他批评专制政府，甚至提议修改跪拜皇帝的礼仪。③

魏源对"通经致用"也表现出类似的专注。他的思想表明了一定程度的政治现实主义，从而使他与19世纪的思想家截然不同。他的《海国图志》是第一部严肃研究外国地理的著作。他要求"师夷长技以制夷"，批评盲目坚持过去的原则，强调要按照现在的实际行动。④

---

① 龚自珍，"年二十八，从刘逢禄受《公羊春秋》"。参见钱穆《中国近三百年学术史》，第532页。1814年魏源首遇刘逢禄和龚自珍于北京（参见恒慕义《清代名人传略》，第850页），1830年加入龚自珍和林则徐的诗社（同上书，第432页）。

② 梁启超将龚自珍与魏源归为开19世纪今文经学者经世致用之首者（《清代学术概论》，《饮冰室专集》，34：55—56）。

③ 钱穆：《中国近三百年学术史》，第534—551页；恒慕义：《清代名人传略》，第531—534页；梁启超：《清代学术概论》，《饮冰室专集》，34：54。在此处，梁启超指出，龚自珍以公羊思想批判专制政府。参见萧公权《中国政治思想史》，第658页。龚自珍在其《平均篇》中写道："人心者，世俗之本也；世俗者，王运之本也。人心亡，则世俗坏；世俗坏，则王运中易。王者欲自为计，盍为人心世俗计矣。"（《龚自珍全集》，1：78）

④ 对魏源思想的出色研究，参见野村浩一《清末公羊思想形成和康有为学说的历史意义》，《国家学会杂志》，71卷7号：705—765；72卷1号：32—64；72卷3号：256—320。第一部分集中讨论了魏源，尤其见71卷7号：738—758；参见钱穆《中国近三百年学术史》，第529—532页。

康有为

公羊教义被用于改革的理论基础，在康有为那里达成了最后的构想。康有为第一次转入公羊学始于1888年。①在青年时代，他接受了正统教育，首先是宋明理学，然后是汉学。②但是在19世纪80年代，通过对"西学"和大乘佛教的研究，他已经产生了一些后来在他的《大同书》中所表达的激进思想。③到了1888年，公羊教义在他看来正切中其要点。两年后，他完成了今文经研究的第一部主要作品《新学伪经考》。在他看来，所有的古文经都是刘歆的伪作。④康有为意图清理所有古文经，进而清理整个正统儒学。他之后的任务就是重新解释今文经。

1896年，康有为完成了《孔子改制考》。其中，他强调了公羊的箴言：孔子是"素王"，是六经的创造者而不是传播者，是为"新王立法"的改革者。以"三统"说为基础，康有为为改革的必要性与合法性提出了有力的论据。在批评今文经遗产中隐含的专制主义的同时，康有为借用了"君主立宪"的理念，

---

① 萧公权：《康有为和儒教》，第106，113页。
② 康有为早期学术分期，参见萧公权《康有为和儒教》，第103—116页。
③ 《大同书》的草稿写于19世纪80年代，最终成书于1901—1902年（参见萧公权《康有为和儒教》，第107—112页）。对该书的简要概括，参见《清代学术概论》，《饮冰室专集》，34：58—60；亦参见汤姆森译《大同书：康有为的哲学世界》。
④ 对《新学伪经考》的简短摘要以及评价，参见《清代学术概论》，《饮冰室专集》，34：56—57。

并将它最终演变为"民权"。①

在 1902 年出版的著名的《大同书》之中,康有为对这一思想作了最终的阐释。他将"三世"理论与《礼记》中的《礼运》篇结合起来,把"升平世"等同于"小康",将"太平世"等同于"大同"。②在康有为的愿景中,"大同"通过消除国家和家庭的界限而终结所有苦难。政府在这一乌托邦社会中则完全是象征性的。除了《礼运》,康有为还用《孟子》来合法化和阐释他的乌托邦理想的"民主"。③

在 1890 年梁启超至万木草堂学习之前,康有为的以上思想已经成形。以此思想,康有为使梁启超"摧陷廓清"了一切"旧学",并使他"知有学自兹始"。

梁启超和公羊思想

梁启超并没有无批判地全盘接受康有为的教导。康有为旨在坚定地神化孔子,使儒学成为一种宗教。④梁启超并没有接受这种观念。多年后,他回忆说他当时不赞成康有为利用汉伪经以及神秘化孔子的偏见。⑤1898 年后,梁启超直接拒

---

① 《清代学术概论》,《饮冰室专集》,34:57—58;参见萧公权《康有为和儒教》,第 166—169 页。
② 将"三世"与"小康""大同"相结合,是康有为对公羊学的贡献。他在 1898 年作了这样的联系(《清代学术概论》,《饮冰室专集》,34:115)。这些观念成形于 1902 年(同上书,34:1, 116, 151—154)。
③ 《清代学术概论》,《饮冰室专集》,34:58—60。
④ 萧公权:《康有为和儒教》,第 101, 133—134, 178—179 页。
⑤ 《清代学术概论》,《饮冰室专集》,34:61。

绝"保教"。至于《大同书》中包含的激进社会思想，梁也予以悬置——他从来没有提出过废除家庭作为社会单位的观点。

然而，梁启超接受了公羊学的训诫。他认为孔子是一位改革家，孔子的政治思想载于《春秋》，并传于《公羊传》，正统儒学的整个传统是对孔子原始学说的歪曲。①此外，梁还被教导：孔子的理想政治制度是"民主的"，这一理想包含在《礼运》和《孟子》之中。

梁特别强调了儒家传统的"民主"因素。他反复强调孔子的思想被分为两个学派，分别以孟子和荀子为代表。孟子传承了孔子的最高政治理想，而荀子只是继承了孔子小康的学说。但是后来主导儒家思想的却是荀子学派。梁试图重建以孟子为代表的"民主"宗系。②

自康有为以至梁启超，中国思想与借自西方的思想纠缠在一起。直到1898年，与康有为一样，梁启超将孟子的政治思想与"民主"联系在一起，以此论彼。在试图确定与梁启超相联系的"民主"的确切含义之前，有必要先确定孟子遗产的实际内容。

孟子政治思想的一个关键要素是"民本"观念，或曰"民为贵"，这个问题在最近的研究中颇受关注。③自20世纪10年代以来，在日本它已经成为一个政治议题，人们将它与战后时期对战前"民主"失败的评估相联系，由此产生了截然对立的

---

① 《〈西学书目表〉后序》，《饮冰室文集》，1：128。
② 《清代学术概论》，《饮冰室专集》，34：60。
③ 例如，参见侯外庐《中国早期启蒙思想史》，第144—203页。

解释，有人认为孟子遗产具有现代和"民主"的一面，①有人则坚持认为它本质上是专制的。②

批评孟子"民本"典范者指出，孟子将统治者的绝对权力视为理所当然，他从来没有提出主权问题，也没有注意到制度对统治权力的限制或以此来保障"仁政"。因此，一些批评家在"民本"中看到了与"开明专制主义"相似的地方——类似腓特烈大帝（Frederick the Great）统治下的政府，一边行使着专制权力，一边自称为"国家的第一仆人"。将原始儒学与欧洲启蒙运动相提并论，当然是有误导性的。但至少这点是可取的——孟子认为，为了实现"民为贵"的理想，除了仁慈地行使专制权力之外，别无他法。

另一方面，《孟子》中包含的一些思想无疑指向了自由主义思想的方向。有一段话含蓄地承认，统治者的任务取决于他是否为人民所接受：

> 天子能荐人于天，不能使天与之天下……昔者，尧荐舜于天而天受之，暴之于民而民受之……使之主祭而百神享之，是天受之；使之主事而事治，百姓安之，是民受之也。天与之，人与之。③

当统治者滥用权力时，如同商朝的末代帝王纣王那样，人民可以反抗他。书中还强调统治者为人民利益而统治的一段话：

---

① 有关争辩双方的立场，参见岛田虔次《中国的卢梭》，第65—85页。
② 例如，参见小岛祐马《中国的革命思想》，第45—50页；以及参见清水盛光《中国社会研究：社会学的考察》，第97页及其后。
③《孟子》，5. A. 5。

"民为贵,社稷次之,君为轻。"①可以说,《孟子》主张"民有""民享"。它甚至建议统治者经常征求公众意见:

> 左右皆曰贤,未可也;诸大夫皆曰贤,未可也;国人皆曰贤,然后察之;见贤焉,然后用之。左右皆曰不可,勿听;诸大夫皆曰不可,勿听;国人皆曰不可,然后察之;见不可焉,然后去之。左右皆曰可杀,勿听;诸大夫皆曰可杀,勿听;国人皆曰可杀,然后察之;见可杀焉,然后杀之。②

但此言是进献统治者的。它实现"民为贵"的理想方式无非是相信统治者的仁慈。它从未靠近过"民治"政府的理念。③

然而,作为清代早期"民本"思想传统最卓越的代表,黄宗羲却徘徊在通过建立"代议制"机构来限制专制权力的边缘。黄宗羲呼吁建立一套"学校"体系,即不仅是服务于培养士大夫的目的的学术机构,还将成为一种监督统治者的论坛。

> 天子之所是未必是,天子之所非未必非,天子亦遂不敢自为是非,而公属是非于学校。④

黄宗羲认为皇帝及其大臣每月应两次到太学听讲。太学之首为祭酒,"政有缺失,祭酒直言无讳"。在郡县层面,黄宗羲

---

① 《孟子》,7. B. 14。
② 《孟子》,1. B. 7。
③ 对孟子政治思想最具权威性的讨论仍然来自萧公权《中国政治思想史》,第3章。
④ 黄宗羲:《学校》,《明夷待访录》,第9—13页。

走得更远。他规定了郡县官与地方"学官"之间的类似关系。"学官"非由任命,而是要根据文人的意见来选拔,如果达不到"实学"的标准,可被"哗而退之"。①

显而易见,这样的思想很容易模糊孟子—黄宗羲"民本"理想和"民有、民治、民享"的民主政府之间的界线。因此,康有为把孟子和黄宗羲的思想与"君主立宪""民权"的思想结合起来,无疑是顺理成章的。

至于17岁的梁启超,他把康有为的教导当作信仰来研究。对于康有为而言,可以认为他仅仅是将公羊学作为其改革的方便论据,毕竟他是在学习了"西学"后才走向公羊学的。但是对年轻的梁启超来说,这些学说不仅仅具有内在的联系性,而且是真实的,也即是说,他相信它们真实地代表着儒学的理想。因此,梁启超很自然地将孟子思想与他所知甚少的西方民主联系起来。

有了康有为的公羊学说武装自己,以及仍然还很模糊的"民主"概念(具体内容后文将作简要讨论),年轻的梁启超准备在改良运动中发挥积极的作用。

梁启超转变为改革家

1895年4月,当签订《马关条约》的消息传来时,梁启超紧急召集请愿活动,得到来自其家乡广东省的190位举人的支持。不久之后,他辅助康有为领导了一场全国性的请愿,呼吁

---

① 黄宗羲:《学校》,《明夷待访录》,第9—13页。

变法以及对日采取强硬立场。请愿运动得到了超过 1200 名举人的签名支持。①

同年 8 月,康有为在北京成立了强学会,字面意思即"学习传播学会"。这个学会有一个图书馆和一个展示现代地理和仪器的陈列室。它的目的是传播西方的知识,推动变法。梁启超成为该学会的秘书长,同时也是学会刊物《中外公报》的编辑和主要撰稿人。该公报为日报,只有一页,一般是梁启超写的几百字的社论。在创刊后的一个月内,它的发行量达到了 3000 份左右。尽管公报和学会在短短三个月后被取缔,但梁启超却因此获得了公众中的声誉。②

次年春,外交官、诗人、改革家黄遵宪(1848—1905)邀请梁启超帮他在上海创办了一份新刊物《时务报》。从 1896 年 8 月 9 日到 1898 年 8 月 8 日,《时务报》每月出版三期,并在第二年达到了前所未有的 12000 份的发行量。梁启超作为该刊的主编和主要撰稿人,成为当时全国首屈一指的出版人。③

他的作品为他赢得了当时一些著名官员的认可。当黄遵宪被任命为德国公使时,他邀请梁启超同行,④但最终黄的任命没有实现。⑤此后,曾任美国和日本公使的伍廷芳,以及时任

---

① 《梁启超年谱长编》,第 24 页。《三十自述》,《饮冰室文集》,11:17,后者给出的是 3000 人按手印而不是 1200 人。
② 《梁启超年谱长编》,第 25—27 页。
③ 对创办这个刊物的详尽讨论,以及梁启超和汪康年之间著名的争论和误解,参见张朋园《梁启超与清季革命》,第 257—273 页。
④ 《三十自述》,《饮冰室文集》,11:17—18。
⑤ 恒慕义:《清代名人传略》,第 351 页。

湖广总督的张之洞，都试图争取梁启超为其服务。① 但梁选择留在上海，专任报事以及许多其他计划，包括建立不缠足会、译书局和一所女学堂。②

对梁启超来说，这是思想上激动人心的几年。他的密友包括才华横溢的年轻改革家谭嗣同（1865—1898）、③ 今文经学家夏曾佑（1863—1924），④ 当然还有黄遵宪。⑤ 他同时也结识了严复，并在1896年阅读了严复翻译的托马斯·H. 赫胥黎《天演论》的手稿。⑥

1897年年底，梁启超和他的密友们参加了湖南的一个小规模变法计划。在陈宝箴及其儿子陈三立的领导下，变法旨在使湖南成为华南地区现代化的先锋和典范。湖南聚集了一批当时主要的改革派人物。1897年7月，黄遵宪任代理湖南按察使，尝试引进了近代化的警察局。此外，黄遵宪还协助组织了时务学堂、南学会，以及湖南省第一份刊物《湘学新报》。谭嗣同是湖南人，担任《湘学新报》编辑、南学会的主席以及时务学堂的教习。后因领导1900年的失败起义而闻名的唐才常（1867—1900）任时务学堂副教习。1915—1916年反复辟的核心人物蔡锷（1882—1916）即是当时学堂中的40多个学生之

---

① 《梁启超年谱长编》，第31—33页。参见《三十自述》，《饮冰室文集》，11：18。
② 同上书，第38—39页。
③ 同上书，第22，28—29页。
④ 同上。
⑤ 同上书，第33，47页。
⑥ 同上书，第33页。

第二章 从今文经学到"民主"改革，1890—1898

一。梁启超在该学堂中担任总教习。①

在学术氛围总体进步的情况下，梁启超能够迸发出一些激进的思想。他向学生和同道们讲述"民权"和"议会"，并与他人秘密重印黄宗羲《明夷待访录》以宣传民主理念。他们甚至通过传阅《扬州十日记》——一部记录1645年清军洗劫扬州暴行的书——来发泄反满情绪。②

1898年春，梁启超在湖南的活动因重病而终止。康复后，他就匆匆赶到北京，加入了正在迅速积聚势头的变法运动。6月16日，时年26岁的光绪皇帝接见了康有为，他正试图摆脱皇太后控制，康有为成功地获得了年轻皇帝的信任。接下来的"百日维新"出台了一系列近乎疯狂的改革诏令，包括废除八股文、裁撤冗员、重用包括谭嗣同在内的四位康有为极为信任的追随者，所有这些都是迈向全面改革行政和教育的第一步。③梁启超被任命为新成立的译书局的负责人，并获光绪帝批准设立编译学堂。7月3日，梁启超被光绪单独召见，对于一个没有官衔的人来说这是一个巨大的荣誉。④

但在维新派兴奋和期望的背后，隐藏着皇帝地位和权力的不确定性。慈禧太后周围的保守势力根深蒂固，"百日维新"中皇帝的地位朝不保夕。9月21日，维新派最担心的事情发生了——六名变法者被捕，并将很快被处死，皇帝被软禁，康

---

① 恒慕义：《清代名人传略》，第703，351页。参见《梁启超年谱长编》，第42页。
② 《梁启超年谱长编》，第42—43页。
③ 同上书，第57—60，64—66页。
④ 同上书，第61页。

有为和梁启超勉强逃过此劫。

政变后,慈禧太后废除了所有的改革措施。随之而来的一系列反应,在1900年的义和团运动中达到了高潮。尽管如此,变法还是创造了一个先例,受其影响产生了许多变化,义和团运动结束后,朝廷最终颁布了一系列改革措施。

尽管在"百日维新"中仅是配角,但梁启超在1898年的政变中全国瞩目——作为当时最关键的两个人物,他的名字总是与康有为联系在一起。毫无疑问,这在一定程度上要归功于他作为一名宣传家的成功。事实上,他在传播新思想方面的影响力远远大于在变法运动中制定政策的影响力。

"民主"思想

他所宣扬的新思想主要集中在三个方面:民权、民主和议院。这里的关键术语是民权,字面意思即"人民的权力"或"人民的权利"。下面这段话摘自梁启超向湖南巡抚陈宝箴提出的一项建议,说明了他是如何理解"权"的:

> 今欲更新百度,必自通上下之情始,欲通上下之情,则必当复古意,采西法重乡权矣……欲救前弊,则宜开绅智。欲救后弊,则宜定权限。定权限者何?西人议事与行事分而为二,议事之人,有定章之权,而无办理之权。行事之人,有办理之权,而无定章之权,将办一事,则议员集而议其可否,既可乃议章程,章程草定,付有司行之,有司不能擅改也。若行之有窒碍者,则以告于议员议而改之。西

人之法度，所以无时不改。每改一次，则其法益密。
而其于民益便，盖以议事者为民间所举之人也。①

从上面的文字可以清楚地看出，梁启超认为"权"意味着主要的政治主权。他使用"民权"以区别"君权"，或者统治权。梁启超写道："三代以后，君权日益尊，民权日益衰。"②换句话说，"民权"对他而言即"政治权利"，是人民在政府发声以行使其政治权力的权利。在他1898年以前的著作中，没有任何地方提到过"权利"，即美国和法国革命中所提出的人权学说中的"生命、自由和追求幸福"等不可剥夺的权利。财产的不可侵犯性是古典自由主义所关注的核心问题，此时在他的"权利"概念中还没有占据任何位置。

这种"人民的政治权力"在议院或代议制议会的机构中得到体现。正如上面的引文所示，梁启超设想的是政府立法权和行政权的分离。

"人民政治权力"的发展目标是"民主"，这在康有为的思想中与其"大同"理想相联系。梁启超在此时的想法与之是相似的。他认为"升平世"是君主政体的时代，而"太平世"则是民主，或"民为政之时"。后一阶段又可分为两个阶段：由总统统治和无总统统治。③换句话说，民主代表着帝制的终结和人民的完全权利。事实上，梁启超倾向于交替使用民权和民主，两者都与"统治者权力"相反。1897年，他在给严复的一

---

① 《戊戌政变记》，《饮冰室专集》，1：133。
② 《〈西学书目表〉后序》，《饮冰室文集》，1：128。
③ 《论君政民政相嬗之理》，《饮冰室文集》，2：7。

封信中写道：

> ……譬犹民主，固救时之善图也。然今日民义未讲，则无宁先藉君权以转移之。①

民权、民主和议院三者构成了梁启超在 1898 年前的政治目标：设立代表机构（议院）行使立法权或"民权"，并最终废除帝制而形成成熟的"民主"。中国将如何为这种民主体制改革作准备？梁启超认为，关键在于教育，他在《变法通议》中写道：

> ……变法之本，在育人才；人才之兴，在开学校；学校之立，在变科举；而一切要其大成，在变官制。②

在官制方面，梁启超批评当时的腐败体制既无明确的职责范围，又无针对官员职能进行的培训。但他的重点仍然是改革教育与考试制度。③梁启超写道："力图富强，斯（建立现代学

---

① 《与严幼陵先生书》，《饮冰室文集》，1：110。《饮冰室文集》定此信时间于 1896 年。然而丁文江定此信为 1897 年（《梁任公先生年谱长编初稿》第 41—42 页）。正确的时间应该是 1897 年，大约在年中。从这封信的内容可以看出其所书时间比 8 月份出版的《时务报》的前两期要晚得多。梁启超谈到严 1897 年 2 月给他写的信，他说等了几个月才回信（《饮冰室文集》，1：106—107）。

② 《变法通议》，《饮冰室文集》，1：10。

③ 市古宙三指出，梁启超对教育的重视，使得他的改革方案有别于康有为，参见《梁启超的变法运动》，第 71—83 页。有关梁启超思想的马克思主义研究，参见余亚伯（Abe Yō）《梁启超的教育思想与活动：以戊戌变法为中心》，第 301—323 页；以及冯友兰《梁启超的思想》，第 128—141 页。亚伯和冯认为，梁启超强调发展士绅教育反映了他的"地主阶级观点"。必须指出的是，梁启超认为士绅教育的发展只是他向人民普及教育的一个初始步骤。《变法通议》，《饮冰室文集》，1：88；《〈蒙学报〉〈演义报〉合叙》，《饮冰室文集》，2：56—57。

校）固然也。"①中国必须仿效西方和日本模式建立现代学校。②考试制度必须调整以适应新的教育制度。必须改变传统科举功名，使之与中小学和大学相适应。③为了在人民中普及知识和教育，梁启超提出了一个在当时实为激进的措施：

> 古人之言即文也，文即言也，自后世语言文字分，始有离言而以文称者，然必言之能达，而后文之能成，有固然矣，故学缀文者，必先造句，造句者以古言易今言也。④

当时，梁启超的改革思想的重点是传播教育，以为建立民主机构作准备。

对民主制度的强调很容易解释——梁启超认为这就是西方强国的秘密。他在《西学书目表》的序言中尖锐地抨击了那些"以为中国一切皆胜西人，所不如者，兵而已"的人。梁启超强调，西方制度才是西方力量的真正来源。他断言"民权"才是解决当前中国积贫积弱的根本。⑤"故强国，"他写道，"以议院为本"。⑥

"西人百年以来，民气大伸，遂尔浡兴。"他写道，"中国苟自今昌明斯义，则数十年其强亦与西国同，在此百年内进于

---

① 《变法通议》，《饮冰室文集》，1：20。
② 《学校总论》，《饮冰室文集》，1：14—21。《论师范》《论学会》《论女学》《论幼学》，参见《饮冰室文集》，1：30—61。
③ 同上书，1：21—31。
④ 同上书，1：54。
⑤ 《〈西学书目表〉序例》，《饮冰室文集》，1：124，128。
⑥ 《古议院考》，《饮冰室文集》，1：96。

文明耳。"因为，他进而说："国之强弱悉推原于民主。"①以美国为例，"是故观美国之富庶，而知民权之当复"②。同样以日本为例，他强调日本已经通过政体改革获得了主权。③"夫政法者，立国之本也。日本变法，则先其本，中国变法，则务其末。"这就是中日两国实力悬殊的原因。④

　　对国家权力的关注表明，梁启超的思想在很大程度上是19世纪晚期中国的产物。西方对中国的影响首先是其优势力量的影响。正是力量的差异使得西方的挑战（与印度佛教早期的挑战不同）既危险又紧迫，这使得改革成为必要。从19世纪中叶开始，中国改革者面临的最直接的问题很简单：中国如何缩小中西实力的差距？19世纪60年代开始，中国首先尝试通过采用西方武器和技术来缩小实力差距。此后，在19世纪70年代，一些人带头建立了被视为西方财富来源的近代工业企业。但是1894—1895年的惨败暴露了这些努力的缺陷。为什么中国会失败？许多人认为，西方的力量不仅与它的武器和工业有关，还与它的政治制度有关，毕竟日本采用宪制变得强大起来。正是在这样的背景下，梁启超通过民主体制改革来应对西方霸权的挑战。

　　同时，梁启超的回应必须放在他的思想的灵感来源和他的公羊背景下去理解。他第一次开始他的"西学"是在康有为的万木草堂。⑤后来，他担任强学会的秘书，经历了一段精读"西

---

① 《与严幼陵先生书》，《饮冰室文集》，1：109。
② 《续译〈列国岁计政要〉叙》，《饮冰室文集》，2：61。
③ 《读〈日本书目志〉书后》，《饮冰室文集》，2：53。
④ 《变法通议》，《饮冰室文集》，1：69。
⑤ 《三十自述》，《饮冰室文集》，11：17。

学书目"的时期。① 当然,当时他还不懂任何外语,翻译的书籍是他接触西方知识的主要途径。梁启超所接触到的西学书籍的范围和内容可以从他 1896 年和 1897 年提到的两份《西学书目表》得以推测。

梁启超和他的同代人所读西学囿于有限的范围内。《西学书目表》是他专门为指导中国青年学习"西学"而编写的,② 主要包括军事和科学等方面的书目。其次是"西政",只包括少量的行政论著。书目内没有一本关于西方政治哲学或理论的书。③ 正如梁启超在序言中所指出的,中国官方的翻译主要是在军事、科学领域,而传教士的工作则主要是医药方面的。④

次年编撰的"西政丛书"也有类似的局限性。它包括历史、行政制度、教育、商业、工业等,再次明显缺乏西方政治理论。⑤ 梁启超所了解的西方政治理论很可能来自蒂莫西·查理德(Timothy Richard)翻译的罗伯特·麦肯齐(Robert Machenzie)的《19世纪:一部历史》⑥,这是对19世纪的一种粗浅赞美,几乎不能作为严肃政治哲学的来源。

除了这些译著书目外,梁启超仅有的关于现代西方的重要信息来源是传教士的著作和与传教士的接触。1875 年,年轻的

---

① 《梁启超年谱长编》,第 25—28 页。
② 《〈西学书目表〉序例》,《饮冰室文集》,1:122。
③ 《西学书目表》。
④ 《〈西学书目表〉序例》,《饮冰室文集》,1:124。
⑤ "西政丛书"内容的摘要,参见《梁启超年谱长编》,第 38 页;以及《"西政丛书"序》,《饮冰室文集》,2:62—64。
⑥ 在《西学书目表》中,梁启超挑选出该书以及传教士出版物《万国公报》作为最重要的两项。

J. 艾伦（J. Allen）呼吁改革中国的教育制度，为后来传教士的著作定下了基调。在中日甲午战争之前，传教士的建议主要集中在中国教育和考试制度的改革上。①梁启超当然熟悉这些文章。此外，在 1895 年下半年和 1896 年的前两个月，也就是他写《变法通议》这篇文章时，他提到与蒂莫西·理查德保持着密切的联系。他甚至短暂担任了后者的秘书职务。②他提出使中国教育体系现代化的建议的灵感可能就来自传教士的著作以及理查德。而在《变法通议》中，他也特别依托理查德的著作来呼吁教育改革。③

最后，梁启超特别采用西方民主制度概念的事实，也必须从他的知识背景加以理解。孟子"民本"思想近似于"民有"政府的民主政治思想，这正是梁启超向西方借鉴的地方。设立代表机构代表人民行使立法权力，民权、议院、民主思想正是对公羊学和孟子政治思想的补充。梁启超认为这两点——西方思想和他所承接的康有为思想是一致的。这就解释了为什么梁启超经常用其中一个词来代替另一个词。例如他引用《孟子》中的一段话，"国人皆曰贤，然后察之"，建议统治者顺从人民争取代表机构的愿望。④多年后，他回忆说他曾引用孟子的思

---

① 王树槐：《外人与戊戌变法》，第 1—70 页。
② 理查德：《中国四十五年》（*Forty-five Years in China*），第 225 页。然而，《梁启超年谱长编》并没有提到梁启超成为理查德秘书的工作。《变法通议》从《时务报》第 1 期（1896 年 8 月 9 日）开始发表，到第 43 期（1897 年 10 月 26 日）止。理查德于 1896 年 2 月 25 日离开北京（见理查德《中国四十五年》，第 258 页）。
③ 《变法通议》，《饮冰室文集》，1：12—13。
④ 《古议院考》，《饮冰室文集》，1：94—95。

想"时时发'民权论'"的概念。①

人们可能会猜测,梁启超是在为他的传统而辩解,因为他从孟子思想的元素中辨识出了现代民主思想。人们甚至可能会同意约瑟夫·列文森(Joseph Levenson)的观点,即梁启超已经在"理智上疏离了本国的文化传统,在感情上仍然与本国传统相联系",因此,他试图"缓和历史与价值之间的冲突"②。我认为梁启超无论在情感上还是理智上都与他的传统有关,尤其是与经他重新解释的、从康有为那里所学习的公羊学有关。他把这种传统的元素与他新近获得的西方概念联系起来,正是因为他认为这些元素是可以确定的。

简言之,1898 年前,梁启超的思想是新儒家思想和他有限接触到的西方思想的结合。他特别强调了"民本"的孟子思想,并借用建立代议制机构以行使"民权"的概念来扩大这一理想。与当时大多数改革者一样,他的重点是加强中国的体制改革。但是 1898 年的政变改变了一切——它自上而下地粉碎了改革的希望,还迫使梁启超流亡并进入一个新的环境——明治日本。

---

① 《清代学术概论》,《饮冰室专集》,34:61—62。
② 列文森:《梁启超与中国近代思想》,第 1—2,31—54 页。

第三章

新民思想和明治日本的影响

背 景

图一显示的是1896年至1937年间在日中国留学生人数,[①] 图二显示了这期间日本书籍的中文译本数量。[②]这两个图表一起显示了日本对中国的两个主要的密集影响期。第一波传播在1902年到1907年达到顶峰。1907年后,在日本的中国留学生和日文中译本的数量都有所下降。1912年后这一趋势再次上升,但在1915年戛然而止,无疑是由于"二十一条"。从1926年起,数字再次上升,标志着中国对日本的接受进入了一个新的时期。

图三[③]和图四[④]显示了影响领域的变化。在第一个时期,翻译的书籍主要是政治、法律、历史和地理。在此期间,中国的改革家以进行立宪和体制改革的明治日本为榜样,较为激进的思想家学习了国家主义、共和主义和现代化的新思想。另一方面,从20世纪20年代中期到30年代中期,大量的翻译书籍涉及文学、经济学和社会学领域。其中近一半的经济学和社会学书籍是马克思主义的作品,大多数由河上肇(1879—1946)

[①] 此表基于实藤惠秀的《中国人留学日本史》,第545页。
[②] 计算自实藤惠秀《中国译日本书综合目录》,第160—280页,包含了1895年至1939年内的2205个书目。实藤从1929年开始为这一书目而收集资料,并在其研究期间梳理了北京图书馆的书目。
[③] 统计自如上。
[④] 统计自如上。

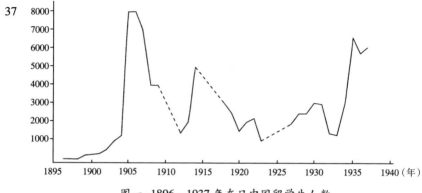

图一：1896—1937年在日中国留学生人数

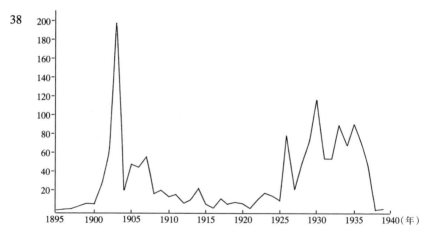

图二：1895—1939年日本书籍的中文译本数量

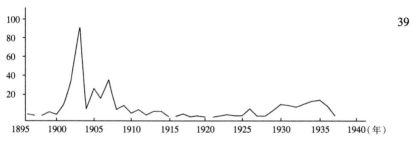

图三：1896—1937年日本政治与法律、历史与地理著作的汉译数量

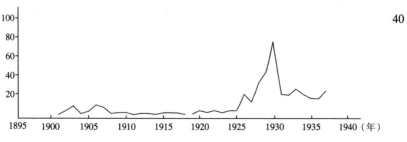

图四：1896—1937年日本经济学、社会学、文学著作的汉译数量

翻译。①在这十年里,中国的左派转向日本的马克思主义寻求引导。

中国被日本毁灭性击败是在 1895 年。这次失败戏剧性地暴露了中国前几代改革的弱点,即采用西方技术和工业的"自强"方案。显然,中国需要进行更多的基础性改革。战争使中国知识分子和官员对日本的态度发生了突变。②这个东方的小邻居证明了它在现代化方面比中国成功得多。许多人认为,中国必须学习日本成功的秘诀。在战后迅速发展起来的改革运动中,倡导变革的主要人物如康有为③、张之洞④、黄遵宪⑤等一再强调仿效明治日本。

越来越多的中国学生赴日本学习反映了许多中国人向日本学习的愿望。1896 年,紧随甲午战败之后,第一批学生被送往日本,推动了自 1872 年以来一直零星实施的留学计划。⑥ 1896 年后,在日中国留学生人数迅速增加,到 1905 年和 1906 年达

---

① 实藤惠秀:《中国译日本书综合目录》,第 211—226 页。
② 佐藤三郎《从明治维新到甲午战争年间中国的日本学》第 1147—1187 页指出,即使到了战争前夕,在谈论日本的著作中,乐于接受日本的态度在中国人中依然处于上升趋势,战败后的震动更是无疑促进了大多数官方及学者态度的转变。
③ 例如,参见康有为《进呈日本明治变政考序》(1898),《戊戌变法》,3:3。
④ 张之洞:《劝学篇》,卷 203。
⑤ 黄遵宪是最早倡导向西方学习的人之一。1877—1885 年,黄遵宪任驻日本公使馆参赞,居住东京,其间著有《日本国志》(恒慕义:《清代名人传略》,第 351 页)。
⑥ 对中国学生早期留学历史(1872—1895)进行的统计,参见汪一驹(Wang, Y. C.)《中国知识分子与西方,1872—1949》(*Chinese Intellectuals and the West, 1872—1949*),第 41—50 页。

到历史最高水平，据保守估计约有 8000 名。①

8000 是一个巨大的数字，尤其是与去日本以外国家留学的学生人数相比。例如，在 1905 年，只有 130 名中国学生在美国留学。②在 1909 年至 1910 年，在日本的中国留学生数量是在美国和欧洲总和的 4 至 7 倍。③日本作为中国留学生海外学习的中心的重要性一直持续到一战以后，其平衡才逐渐被打破——美国开始吸引越来越多的学生，④而 1919 年后的数年，法国则吸纳了大量的学生和学生劳工。⑤

1905 年和 1906 年学生大规模留学日本的推动力，来自两个新的发展态势——日本在日俄战争中的胜利奠定了它作为世界强国之一的地位，中国科考制度的终结意味着留学成为在中国攀登成功的主要阶梯。

这一时期，人们对日本的偏爱还有更基本的原因。其中一些在张之洞 1898 年的《劝学篇》中总结得很清楚：

---

① 8000 人是实藤惠秀的估计，另有估计高达 10000 人以上，参见郭沫若《中日文化之交流》，《沫若文集》2：72；以及舒新城《近代中国留学史》，第 46 页。哈克特（Roger F. Hackett）《中国学生在日本（1900—1910）》（"Chinese Students in Japan, 1900—1910"，载《中国论文集》，1949 年 5 月：142）估计约 13000 人。这些更高的估计，如实藤惠秀所指出的，反映了当时很多报告的向上偏差，这种偏差源于当时许多中国学生为了获得多个文凭而同时进入几所学校的趋势（实藤惠秀：《中国人留学日本史》，第 58—60 页）。

② 汪一驹：《中国知识分子与西方：1872—1949》，第 510 页，表 10。

③ 同上书，第 517 页。在日本 2387 人，在美国 207 人，在欧洲 375 人，然而据估计 1909 年在日本有 4000 名中国学生（见图一）。

④ 1918 年在美中国留学生 1124 人，1924 年在美中国留学生 1637 人（参见汪一驹《中国知识分子与西方：1872—1949》第 510 页）。另一方面，去日本的留学生人数在 1914 年后急剧下降，如图一所示。

⑤ 同上书，第 105—111 页。据估计，1920 年在法国的中国留学生高达 6000 人。

> 至游学之国，西洋不如东洋，一、路近省费，可多遣；一、去华近，易考察；一、东文近于中文，易通晓；一、西学甚繁，凡西学不切要者，东人已删节而酌改之，中、东情势风俗相近，易仿行，事半功倍，无过于此。①

我们或许可以在张之洞的清单上加上这样的考虑：对当时许多中国思想家而言，向一个在文化和种族上更为亲近的国家学习，消除了向完全陌生的西方学习的心理刺痛。

这种转向日本的结果之一是，在 20 世纪中国第一代领导人中，受过日本留学教育的人占了主导地位。汪一驹已经将《中国年鉴》的"名人录"部分按照所列男性的教育背景进行了分类。他的数据表明，1916 年和 1923 年，"海归"约占列表人数的一半。②其中 1916 年，超过三分之二的人曾经留学日本。③1923 年，在日留学生组仍然占据出现在名人录中的"海归"学生的 56% 左右。④留日背景的优势直到 19 世纪 20 年代后才被留美背景所取代。⑤

至少在 1895 年后的 20 年里，日本是高瞻远瞩的中国人寻求现代技能培训和回答他们有关现代世界问题的主要来源，这一点在当时的翻译中得到了进一步的证明。日本书籍的翻译在

---

① 张之洞：《劝学篇》，卷 203：2。
② 1916 年内 49.5%，1923 年内 52.5%（汪一驹：《中国知识分子与西方：1872—1949》，第 177 页）。
③ 汪一驹的数据是 68%，同上书。
④ 同上书。
⑤ 1932 年和 1939 年，在《名人录》归国留学生中，留美背景的分别占 45.5% 和 51%，而接受日本培养的仅占 29.5% 和 21.7%（统计自同上书）。

1902年到1907年达到了顶峰——1903年达到了历史最高点,当时出版了200种书籍;在1902年和1905—1907年间,每年平均有超过50本书问世。正如梁启超所言:"壬寅、癸卯间,译述之业特甚,定期出版之杂志不下数十种。日本每一新书出,译者动数家。新思想之输入,如火如荼矣。"①

译著的统计数据不仅反映了日本的影响,而且折射出日本相对西方影响而言的重要性。这一时期翻译的大部分书籍实际上都是日文书籍,也就是说,不是其他语言书籍的日译本。一位学者列出了551种有关"新学"的书籍,这些书籍在1896年到1905年的7个著名目录中都有记载。他的数据显示,英国书籍的译本只有区区55种,而来自日文原著的译本就有321种,占60%之多,这还不包括日本翻译其他语言书籍的中译本。②换句话说,这一时期来自日本的译著超过了所有其他语言译著的总和。

这些来自日本的早期翻译(以及后来日文马克思主义著作的翻译)在现代汉语中留下了自己的印记。译者们常常不得不创造新的词汇来表达新的思想。在大多数情况下,他们借助于日语来创造,有时他们也纯粹借用日语单词,如 baai——场合,tetsu-zuki——手续,kokufuku——克服,mibun——身分,shihai——支配,等等。③更多时候,他们借用已经赋予

---

① 《清代学术概论》,《饮冰室专集》,34:71。
② 杨寿春:《中国近代出版史料》,第99—101页,引自实藤惠秀《中国译日本书综合目录》,第282—283页。
③ 高名凯、刘正埮:《现代汉语外来词研究》,第82—83页。参见泽丹卡·诺沃特娜(Zdenka Novotna)《现代中国外来词和混合词研究的贡献》("Contributions to the Study of Loan-words and Hybrid Words in Modern Chinese"),第616—617页。

全新日文意义的汉字，如 banka——文化，kakumei——革命，shakai——社会，jiyū——自由，bungaku——文学，等等。① 或者以日文借译欧洲的模式，如 chūshō——抽象，handō——反动，jichi——自治，kakkan——客观，kagaku——科学，shugi——主义，等等。② 由于两种语言之间的亲缘关系，这些来自日本的形音外来词汇比欧洲音位语言更容易被吸收到现代中国。③ 其结果是，在法律、政治、哲学、经济、社会学等领域的现代汉语外来词中，④ 日语外来词占据了主导地位，也正是在这些领域中日文著作的汉译最为活跃。

简而言之，以上讨论的三个文化影响的指标——出国留学生的记录、中国翻译日本书籍以及现代汉语外来词语——都指向这样一个结论：1895 年后的 20 年，日本是中国新思想的主要来源。日本不仅是中国学生主要的留学中心，而且 1898 年后，随着政治流亡者的到来，日本也成为改革和革命运动的策动中心。在这些条件下，正如梁启超所指出的：东京事实上已经成为"新思想运动的中心"⑤，因为在 1895 年至五四新文化

---

① 高名凯、刘正琰在其书中列出了 67 个这样的例子，见第 83—88 页。

② 同上书，第 88—89 页。这是三类中数量最多的一种，在高、刘的书中，468 个外来词中总计有 310 个属于此类。

③ 诺沃特娜认为，例如在政治、经济和哲学领域，原本借自英语、法语、德语和俄语的主要词汇，很快或被新造词或被来自日本的形音词汇所代替。参见泽丹卡·诺沃特娜，《现代中国外来词和混合词研究的贡献》，第 631—633，638 页。

④ 高名凯与刘正琰研究了 1285 个外来词，其中 468 个来自日文。来自日文的外来词尤其在下述领域具有明显优势：法律 39/39（《现代中国外来词和混合词研究的贡献》，第 131 页），经济学 47/73（第 121—122 页），哲学 61/75（第 119—121 页）。有关政治学参见第 114—116 页，有关教育学和社会学可参考第 125—126 页。

⑤ 《中国近三百年学术史》，《饮冰室专集》，75：30。

运动之间关键的几十年间,日本的学生和政治流亡者成为中国文化变革的领导者。他们是日本影响的接受者和传播者——其中一些人翻译日本书籍,其他人则或谈论或撰写他们最新接受的观念。明治日本对梁启超的影响,必须在中国人积极接受日本影响这一大背景下予以审视。

梁启超与明治日本

1898年10月16日,梁启超勉强逃过保守派的追拿,到达日本。除了1899年的夏威夷之行、1900年的澳大利亚之行和1903年的美国之行,他一直在日本生活到1912年,达14年之久。① 他25岁到达日本,最终离开日本回到中国时,已经39岁了。

这是梁启超生命中激动人心的岁月,在这些年里,他从一个本质上的儒家知识分子转变为一个现代自由主义—民族主义者。②为历史学家所庆幸的是,关于梁启超在此一时期生活的史料异常丰富。他的很多书信已经被收录于《年谱》③之中。此外,梁启超作为作家和思想家的发展同样也有助于丰富文献——他很少对自己的思想有所保留,相反,他习惯于几乎一有新的思想就马上抒发出来。例如《自由书》④即是随机学习

---

① 《梁启超年谱长编》,第86,99,174页。1911年,梁启超前往台湾短期旅行,只在那里待了两个星期(同上书,第331页)。

② 参见我尚未发表的学位论文《一个儒家自由主义者:梁启超的行与思》第2章和第3章。

③ 《梁任公先生年谱长编初稿》。

④ 《饮冰室专集》,2。这些笔记发表于1899年到1905年间,最初发表于梁启超的《清议报》,后载于《新民丛报》。

的笔记，记录了梁启超接触到大量各种新书和思想家时的最初反应。最后，由于日本政府对中国国内事务的关注，梁启超在这些年里一直处于警方的监视之下。这些警方报告保存在日本外务省的档案中，提供了梁启超几乎每天的活动记录。①这些消息来源提供了一个机会，可以追溯明治日本思想家影响梁启超的某些细节及其思想转型的过程。

梁启超在到达日本之前受到康有为和黄遵宪的影响，即已提出将日本作为中国的榜样。②一到日本，他就学会了阅读日文，并投身于明治末期的日本知识界。他追随吉田松阴（1830—1859）和高杉晋作（1839—1867）两位倒幕运动志士，为自己起名吉田晋。③在1899年前往夏威夷的日记中，他回顾了自己对日本思想的感激：

> 以至于今，凡居东京者四百四十日。自浪游以来，淹滞一地之时日未有若此之长者也。此四百四十日中……日本人订交形神俱亲，谊等骨肉者数人，其余隶友籍者数十……又自居东以来，广搜日本书而读之。若行山阴道上，应接不暇，脑质为之改易，思想言论与前者若出两人。每日阅读日本报纸，于

---

① 日本外务省，《革命党关系》，《各国内政关系杂集》（KMTKK.）。其中包含了3000页当时日本警察对梁启超监视的报告，这些都是尚未被利用的有关梁启超的材料。非常感谢市古宙三教授，是他最先让我发现这一线索并找到这些文献。

② 参见《读〈日本书目志〉书后》，《饮冰室文集》，2：53。

③ 梁启超日文名字的吉田部分来自吉田松阴，这是众所周知的事实（《梁启超年谱长编》：87）。但梁启超也以吉田的学生高雄的名字命名，他在与日本警方的一次谈话中指出过这一点（《日本外务省档案》1：440086）。

日本政界、学界之事，相习相忘，几于如已国然。盖吾之于日本，真所谓有密切之关系，有许多之习惯印于脑中。①

梁启超的思想仍将沿着 1898 年以前确定的主要路线继续——对自由民主特殊的兴趣，以及自由民主政体有助于实现国家"富强"的假设。除了这些主要方向之外，梁启超来到日本时并没有多少思想包袱，康有为的公羊学思想并没有限制梁启超对新思想的接受。

日本的泛亚洲主义

梁启超首先接触的是日本的泛亚洲主义。他正是在执政的大隈政府的命令下，由日本泛亚洲主义者平山周和山田良政帮助逃到日本的。②大隈及其支持者还资助了梁启超到达日本后赁屋和生活的费用。③在这样的情况下，梁启超的第一批日本朋友大多数是对泛亚洲主义感兴趣的大隈重信支持者——东亚同文会成员。

柏原文太郎（1869—1936）是大隈重信与梁启超的主要联系人。④柏原文太郎建立了东亚会，1898 年 12 月，他将东亚会与近卫笃麿的同文会合并以形成东亚同文会，在其中起到了重

---

① 《梁启超年谱长编》，第 93 页。
② 关于梁启超逃亡日本，见日本外务省，《日本外务省档案》。
③ 日本外务省，《革命党关系》，《各国内政关系杂集》（KMTKK.）1:440099。
④ 同上。

要作用。他是当时新合并的协会的秘书，也是著名的教育家。①他仅比梁启超大 4 岁，很快成了梁启超在日本最亲密的朋友，两人甚至成为结拜兄弟。②

犬养毅（1855—1932）1898 年担任大隈重信的文部大臣，是大隈重信亚洲事务的主要代表，也是梁启超的亲密朋友之一。③近卫笃麿作为东亚同文会会长，是梁启超的另一位熟人。④其他与梁启超保持密切联系的人包括平山周、宫崎寅藏，⑤马里乌斯·B. 詹森（Marius B. Jansen）对他们与孙中山的密切往来作过深入研究。

大隈、犬养和柏原等人的泛亚洲主义包含了一种浪漫的愿景，即东亚在"同种""同文"的基础上联合起来，以摆脱西方的侵入。它还被灌输了"自由"和"平等"等西方价值观。

一段时间里，梁启超和他在日本的东道主们分享了这种泛亚洲主义的愿景。早在 1896 年，他就说过"黄种人之界"，以及"百年之中，实黄种人与白种人玄黄血战之时也"⑥。1899年，他写道：

> 日本与我唇齿兄弟之国，必互泯畛域，协同提携，然后可以保黄种之独立，杜欧势之东渐。他日支那、日本两国殆将成合邦之局，而言语之互通，实

---

① 东亚同文会，《续对支回顾录》，1：647。
② 参见梁启超致柏原的信，时间为 1900 年 3 月。参见《续对支回顾录》，2：648。可比较《梁启超年谱长编》，第 83 页。
③《日本外务省档案》，1：440129，440016。
④ 东亚同文会，《续对支回顾录》，2：648。
⑤《日本外务省档案》，1：440016，440024。
⑥《变法通议》，《饮冰室文集》，1：83。

为联合第一义焉。故日本之志士，当以学汉文汉语为第一义，支那之志士，亦当学和文和语为第一义。①

在他的报刊《清议报》第 1 期中，他将报刊的四个宗旨中的两个定位为："交通支那、日本两国之声气，联其情谊；发明东亚学术以保存亚粹。"②他赞同日本朋友关于西方是中日共同敌人的观点。在 19 世纪 90 年代的背景下，他对西方帝国主义感到愤怒是可以理解的，他称西方帝国主义"轻我贱我，野蛮我，奴隶我，禽兽我，尸居我"，邪恶地入侵中国。③此种反西方的情绪成为他 1896—1899 年频繁发表种族言论的基础，当时他呼吁"直当凡我黄种人之界而悉平之"，"以与白色种人相驱驰于九万里周径之战场"。④但同时他也信奉他的朋友们受西方启发的价值观。他开始翻译他们最热衷的小说之一——柴四郎的《佳人奇遇》。⑤这是日本明治时期最流行的三部政治小说之一，⑥充满着"自由""平等"的口号。梁启超所分享的，换句话说，是带有对西方矛盾态度的泛亚洲主义——虽然他怀有强烈的反西方情绪，但他开始接受西方的某些主导价值观。

---

① 《论学日本文之益》，《饮冰室文集》，4: 82；《论商业会议所之益》，《饮冰室文集》，4: 7—11。
② 《〈清议报〉叙例》，《饮冰室文集》，3: 31。
③ 《论中国之将强》，《饮冰室文集》，2: 12。
④ 《变法通议》，《饮冰室文集》，1: 83。
⑤ 《现代日本文学全集》（东京，1931）: 139—326。
⑥ 另外两部是矢野文雄的《经国美谈》和末广铁肠的《雪中梅》。柴四郎的小说被如此形容："《佳人奇遇》一出，洛阳纸价为贵"（桑塞姆［Sansom］，《西方世界与日本》[The Western World and Japan]，第 412 页）。

梁启超对泛亚洲主义的拥护，说明了明治时期的日本对世纪之交的许多中国思想家的巨大吸引力，但这是一个脆弱的联盟。泛亚洲主义的超国家主义理想要求以"文化"和"种族"取代"国家"作为忠诚的对象。梁之所以能够接受这样的理想，部分是因为他自己的儒家思想倾向于更重视文化遗产而不是政治实体，部分则是因为他认为这种乌托邦式的愿景不会威胁到中国的国家完整。但是他很快就发现，自由的日本泛亚洲主义很容易被用来为日本的军事扩张辩护，而他也表明这种泛亚洲主义是他无法接受的。事实上，他对东亚在"同文"和"同种"的基础上联合以对抗西方帝国主义的愿景的短暂拥护，应该被视为他早期的以传统为导向的文化主义和后期成熟的民族主义之间的一个中转站。

他对泛亚洲主义的追求在他翻译的柴四郎的小说中有着完整的记录。①他第一次读这本小说是在"大岛号"上，②当年他正是乘坐这艘舰船逃到日本的。他随即开始着手翻译这本小说。③这是一个有特殊趣味的翻译，因为彼时梁启超在还没有完整读过小说时就开始了翻译。因此他可能是在某位老师的帮助下，一边阅读一边翻译。④他在翻译过程中的修改、删除和补充实际上记录了他从1898年年末到1900年年初对日本泛亚洲主义的反应和变化。

---

① 《佳人奇遇》，《饮冰室专集》，88：1—220。
② 《梁启超年谱长编》，第80—81页。
③ 译稿在梁启超到达东京两个月后，自1898年12月23日起在《清议报》第1期开始连载。
④ 这一事实可以从梁启超反复地删除和添加中得以证明，下面会予以讨论。

柴四郎小说的中心围绕着东海散士在美国宾夕法尼亚独立厅的自由钟前邂逅两位美丽的欧洲女孩幽兰、红莲展开。幽兰原是西班牙爱国志士,而红莲则是牺牲于暴政的爱尔兰爱国志士的女儿。很快东海散士也遇到了两位女孩的老仆人——范卿,他实际上是忠明之士。这并不是一部浪漫爱情小说,而是一系列以世界革命运动为主题结构起来的独立事件。

在这部1883年到1897年间出版的小说中,在自由主义口号的表象下,人们可以感受到柴四郎日益增长的泛亚洲主义情绪。在第二章,幽兰对东海散士说:

> 其时如旭日升东天,东洋屹立……方今东洋大有可为之秋,当执牛耳以为亚细亚之盟主,解亚东生民倒悬之艰……然后扬威四海,方驾全球,使五洲亿兆众生,尝自主独立之真味、发文物典章之光辉者,非贵国其谁当之。①

正如石田雄所指出的,1885年第二章出版的时候,柴四郎的思想已经从他早期对过度的政府权力的批判转向后期对国家权力的关注。②在小说的最后,柴四郎以日本必为亚洲其他国家的人民启蒙为论据,作为日本军事扩张的理由。

泛亚洲主义最初吸引梁启超的是一个"独立和自由"的亚洲在"同种"和"种族"的基础上团结起来的愿景。他也愿意承认日本在现代化的道路上比中国走得更远,他忠实地翻译了

---

① 柴四郎:《佳人奇遇》,第153页,引用并翻译自桑塞姆《西方世界与日本》,第414页。
② 石田雄:《明治政治思想史研究》,第328页。

上面所引用的那段话。① 然而，他不愿意接受把中国降至卑躬屈膝的地位。他忽略掉所有关于范卿是幽兰和红莲的仆人并代表中国的说法，仅仅在第二章的末尾介绍了范是一名中国志士。② 尽管这一努力并没有贯穿整个翻译过程，③ 但它预示了梁启超最终拒绝了这部小说。

在小说的最后几页，柴四郎讨论了1894—1895年的中日甲午战争。他把战争归咎于李鸿章的"淫欲"。日本政府派遣士兵是出于好意——为了获得朝鲜人民的友谊——但迫于形势被迫参战。柴四郎通过东海散士之口，回顾了他长期以来主张的政策，即惩罚中国对日本的傲慢，并通过占领帮助朝鲜人民进行改革和独立。他为日本惊人的军事优势而自豪。然后他对各种意见作了精辟的论述。仅一个持不同意见的声音警告了扩张的危险，但是这些话却出自"沉沦者"（沈伦士）之口。其他一切都呼应了东海散士的主旨：日本通过军事占领引导亚洲其他国家的正义事业。④

梁启超将该部分整个删除了。相反，他将战争的责任归于驻扎在朝鲜的日本军队。他们的罪行是摧毁而非帮助了朝鲜的革命精神和领导力。梁启超以他自己的一段话来总结他

---

① 可将柴四郎《佳人奇遇》第153页与梁启超《佳人奇遇》（《饮冰室专集》，88：15）相比较。

② 《佳人奇遇》，《饮冰室专集》，88：25。在原文中，范卿出现得更早（《佳人奇遇》，第151页），并且在第二章结束前反复出现了多次（第153，154，159页）。

③ 例如在第四章，梁启超保留了范卿是幽兰和红莲仆人的完整身份。《佳人奇遇》，《饮冰室专集》，88：43。

④ 柴四郎：《佳人奇遇》，第318页及其后。

的争辩：

> 当时朝鲜，内忧外患，交侵迭至，乞援书至中国，大义所在，故派兵赴援。而日本方当维新，气焰正旺，窃欲于东洋寻衅，小试其端。彼见清廷可欺，朝鲜之可诱也，遂借端扶植朝鲜，以与清廷挑衅……①

在彻底完成这一高度诠释性的翻译之前，梁启超突然终止了它在《清议报》的连载。②九个月后，1900年12月，他在一篇诗文中说仰慕柴四郎实是错误。③当他在第一百期评述《清议报》办报宗旨时，对于早期的两条泛亚洲主义原则，他甚至提都没有提。④他对泛亚洲主义的追求仅仅持续了一年多。

柴四郎的扩张主义情绪激起了梁启超泛亚洲主义理想的幻灭。柴四郎小说的后半部分实际上反映了1894—1895年战争后，日本泛亚洲主义基调的一个更为广泛的变化：代之早期的合作与冒险的理想主义愿景，日本泛亚洲主义开始逐步强调日本的"天职"而忽视邻国的意愿。日本对中国的态度也随之发生相应的转变——越来越蔑视中国，认为中国代表了一切落后和停滞的东西。⑤

---

① 《佳人奇遇》，《饮冰室专集》，88：220。
② 16章中仅有11章在《清议报》连载，停载于《清议报》第35期（1900年2月10日）。
③ 《清议报》，第64期（1900年11月22日），《饮冰室专集》，88：220。
④ 《〈清议报〉一百册祝辞，并论报馆之责任及本馆之经历》，《饮冰室文集》，6：54。
⑤ 参见杰森（Jansen）《明治时期日本人的中国观》（"Japanese View of China during the Meiji Period"），第163—189页。

尽管梁启超与扩张主义的泛亚洲主义彻底决裂，然而与之紧密相连的一些受西方启发的"自由"价值却留存并形塑了他的思想。梁对"自由""平等"等泛亚洲口号的呼应，含蓄地反映了人由外部世界的挑战而重新认识世界的天性。当梁早些时候称帝国主义为西方对中国的"野蛮"侵犯时，他只是看到了优越的财富和权力方面的挑战，因而他继续珍视他的文化遗产的价值。一旦他开始接受新的价值观，不管其构想多么模糊，无论其与西方的源头有多么不同，他都承认一个事实，即现代西方和日本对中国文明、文化以及政治和军事构成了全面的挑战。他对帝国主义逐步有了全新的认识。

此外，他还继续向日本学习，寻求灵感和指引。像大隈、柏原文太郎和犬养毅这些人并不是公开的扩张主义者，他们仍然是梁的朋友。直到 1910 年年底，梁还在热情洋溢地书写着他对大隈重信的钦佩之情，并尖锐地反对那些主张直接向西方而不是向日本学习的人。"顾吾以为吾苟诚求而善学者，"梁强调，"则日本已足以资我而有余"。① 直到 1912 年，在梁长期的良师益友大隈领导下的政府提出了"二十一条"，梁才不再向日本或者日本的思想家寻求灵感和指引。② 但是后者在此之前已经长久地深刻影响和形塑了梁的思想。事实上，晚期明治社会本身已经促成了梁对现代西方和日本所构成的挑战的重新定义。

---

① 《读日本大隈伯爵〈开国五十年史〉书后》，《饮冰室文集》，23：113—115。
② 梁启超对"二十一条"反应强烈，可参看《中日交涉汇评》，《饮冰室文集》，32：91，104；《痛定罪言》，《饮冰室文集》，33：1—9。

现代文明的概念

1900年的日本是一个现代民族国家,也是梁启超接触的第一个现代民族国家。他对其教育体系有着许多深刻印象——1872年即推出了普通小学教育,以及众多的大学,其中包括与大隈、柏原文太郎有密切关联的早稻田大学①。梁之所以钦佩大隈,部分是由于后者作为教育家的作用。他曾写道犬养毅使他深刻认识到现代教育体系之重要性。②

他也很欣赏日本媒体享有的自由和独立,这尤其是因为他自己第一次置身于一个可以自由挥洒笔墨的环境中。在他的《自由书》的序言中,他感激地指出,他受到了思想、言论和出版自由之惠。③ 1903年,针对日本文部省在教科书上的腐败政策的批评,他指出正是日本媒体能够迫使政府对该事件展开全面的调查,并最终促使文部大臣引罪退职。他强调,"此等事正可为日本民权发达之明证"④。

日本社会的这些方面——发达的现代教育体系和新闻自由——是现代文明的属性,梁启超认为这些属性本身就是他所赞赏的积极的美德。他无须被说服去相信它们与国家财富和权力的相关性。对他来说,它们不仅是中国生存的必要手段,也

---

① 大隈正是该校的创始人(1882)。该校1902年前被称为东京专门学校(《日本历史辞典》[东京,1956—1960] 19:253—254)。

② 《自由书》,《饮冰室专集》,2:41—42。

③ 同上书,2:1。

④ 《答某君问日本禁止教科书事》,《饮冰室文集》,14:30。

是理想的目标。

他对外部世界的态度正在发生着改变。他早期的反西方种族主义情绪被一个由平等国家组成的国际社会的全新面貌所取代。这反映在他1901年在《清议报》第100期发表的以下讲话中：

> 有一人之报，有一党之报，有一国之报，有世界之报。以一人或一公司之利益为目的者，一人之报也。以一党之利益为目的者，一党之报也。以国民之利益为目的者，一国之报也。以全世界人类之利益为目的者，世界之报也……敢问《清议报》于此四者中，位置何等乎？曰：在党报与国报之间。今以何祝之？曰：祝其全脱离一党报之范围，而进入于一国报之范围，且更努力渐进以达于世界报之范围。①

这一声明中所表达的国际主义情绪与他三年前在同一份报刊的第1期中所写的泛亚洲主义口号形成了鲜明的对比。同样的态度也促成了他用日语的"文明"代替了"富强"——财富和权力——去表达他改革计划的目的。1898年前，他谈到改革时，总是提到改革与富强的关系。他首要关心的是借用西方政治制度去增进中国的国力。②但现在他代之以"文明"来讨论，不是在其传统意识中的文化条件，而是在明治日本

---

① 《〈清议报〉一百册祝辞，并论报馆之责任及本馆之经历》，《饮冰室文集》，6：57。
② 黄宗智：《一个儒家自由主义者：梁启超的行与思》，第3章。

意义上的"现代性"——这意味着他从现代文明中找寻到可取的理想价值,尤其是发达的科学、技术、物质福利以及自由民主。

根据梁的观点,人类文明的演变有三个阶段:野蛮的、半文明的和"文明的"。野蛮时期的人过着游牧的生活,没有工具和知识,没有严肃的学问,害怕自然灾害,受他人权威的支配。半文明阶段的人见证了农业的繁荣和国家的建立,但真正的知识很少,而且缺乏原创性和创造力,人们倾向于向往过去,而不是改变它。在"文明"阶段,则"范围天地间种种事物于规则之内……其风气随时变易,而不惑溺于旧俗所习惯能。能自治其身……自辟智慧,而不以古为限,不以今为划……工商之业,日求扩充,使一切人皆进幸福"①。

现在他对西方的看法大不相同了。他写道,在人类文明进程中,唯有"白种人""能传播文明"。②他特别钦慕的是英国,因为他看到英国不仅拥有国家权力,而且拥有自由的政体。他指出英国"为文明政体之祖国,国旗辉于大地"③。

这是梁的新观点。科学、物质福利、自由民主政治和现代国家权力的发展是当代世界的普遍进程。这一观点奠定了梁对帝国主义内涵的新诠释,以及他的新的民族主义的基础。

---

① 《自由书》,《饮冰室专集》,2:8—9。
② 《新民说》,《饮冰室专集》,4:10。
③ 同上书,4:24。

明治日本社会达尔文主义[1]

梁启超的新的帝国主义概念,灵感来自日本达尔文主义者加藤弘之。加藤在他的两篇论文《天则百话》[2]《强者的权力与竞争》[3](梁读过的加藤的两本书)中,把达尔文的物种分类应用到国际关系中。他的前提是,人类社会与生物世界一样,也遵循着"生存竞争"和"自然选择"的规律。[4]从这一前提出发,他跳到他的"强权"公式中,尖锐地反对"天赋人权"

---

[1] 本杰明·史华慈(Benjamin Schwartz)《寻求富强:严复与西方》(*In Search of Wealth and Power: Yen Fu and the West*,第3,70,82—83页),以及小野川秀美《清末思想与进化论》(见《清末政治思想研究》,第343—397页),都显示梁启超受到严复翻译的《天演论》的复杂影响。支持他们观点的主要证据如下:第一,梁启超认识严复,与之有书信往来,并最早于1896年阅读了《天演论》(翻译自托马斯·H.赫胥黎的《进化论与伦理学》)。第二,1898年后,梁启超的思想与严复有相似之处。史华慈与小野没有提到加藤弘之。然而我认为,这些证据表明,加藤的影响对梁重新诠释社会达尔文主义起了决定性的作用:一、正如小野所承认的那样,来自社会达尔文主义的思想直到1898年后才成为梁思想的决定性因素。正如之前引用梁的话所显示的,梁自己也指出,他思想上的转变是阅读日本书籍的结果。二、在梁的思想中弥漫着社会达尔文主义的时期,即在1898—1903年期间,梁没有提到严复,而是提到了加藤作为其思想的权威来源。三、梁的词汇,如"优胜劣汰""强权"等,是日本社会达尔文主义和加藤的词汇,而不是严复的。与严复的《严译名著集刊》比较,"强权"显然更是加藤和梁解释社会达尔文主义的核心概念(见下文的讨论)。四、虽然梁对社会达尔文主义的反应与严氏有相似之处,但是他的基本思想"新民"显然可以追溯到加藤弘之、富泽谕吉、中村正直的共同影响,而且梁的帝国主义理论只有在加藤"强权"理论的框架下才能得到正确的理解(见下文的讨论)。

[2] 加藤弘之:《天则百话》(*Tensoku hyaku wa*)。

[3] 加藤弘之:《强者的权力与竞争》(*Kyōsha no kenri no kyōsō*)。

[4] 加藤弘之:《天则百话》,第33页。

的教条,并且断然宣称"不仅在生物界,而且在人类……唯一的权力是强者的权力"①。加藤将国家等同于生物,进而把这个公式应用于国家之上,得出了以下国际达尔文主义公式:

> 具有优越知识的公民将消灭劣等知识的公民,或则,它将征服它和奴役它,从而使它逐渐文明。当今开化的公民完全不会从无用的人性和仁慈中成长。因此,伤害他人是生物世界的必要条件。应当认识到,这不过是自然之法而已。②

加藤的想法与赫伯特·斯宾塞非常不同。加藤是一个热情的民族主义者,③他非常关心日本民族的存亡。通过将达尔文主义的范畴应用于国际关系,他警告了帝国主义的危险和日本强大的必要。同时,他的国际达尔文主义使进步和现代文明成为一种普遍属性,只要日本能适应,它就应当拥有和西方一样的权力。最后,加藤的思想也含蓄地为日本帝国主义提供了理论根据。与加藤不同,斯宾塞更关注其他方面。对斯宾塞而言,"爱国主义"属于"好战型"社会,其特征是不断的种族冲突和国际冲突;它在和平的"工业"社会中没有立足之地。④战争虽然在过去的社会进步中起到了推波助澜的作用,⑤却"造成道德败坏",⑥并且"从文明国家持续的战争中只能看到更多

---

① 加藤弘之:《强者的权力与竞争》,第 27 页。
② 加藤弘之:《天则百话》,第 29 页。
③ 参见畑田忍《加藤弘之》,第 53—54, 58, 138 页。
④ 赫伯特·斯宾塞(Herbert Spencer):《社会学原理》(*The Principles of Sociology*), 2: 596—597。
⑤ 同上书, 2: 241。
⑥ 同上书, 2: 640。

的罪恶"。①斯宾塞憎恶帝国主义,当他得知英国煽动波尔战争时,他写道:"我为我的国家感到羞耻。"②

然而就加藤而言,斯宾塞的"好战型"社会的观点比他自己关于"工业"社会以及自由主义的合理化观点,隐含了与其理论更直接的关系。加藤将帝国主义构想为全体公民之间的斗争,这恰恰表明他受斯宾塞论述"好战型"社会中一个概念的决定性影响:"为了达到最高的效率,为维护总体国家生命所必需的国家行为,必须由每个人参与其中。"③换句话说,国家权力与利用社会能量的效率成正比。这一看法是斯宾塞附带讨论的问题,却成为民族主义者加藤的核心假设。

与加藤一样,梁启超也密切关注现代国家权力的本源问题。因此,加藤对斯宾塞的民族主义的全新诠释对他来说有着特殊的意义。他为上面讨论到的加藤的两本书各写了一篇文章,以回应加藤关于"进化论"和"强权"的观点。④

加藤的全民竞争思想成为梁启超关于帝国主义新看法的基础。梁首先区分了"国家"帝国主义与"国民"帝国主义。前者反映了一个人的野心——"国君糜烂其民以与他国竞争者也"。后者,"一国之人各自为其姓名财产之关系而与他国竞争者也",比前一种竞争更有力,持续的时间也更长。⑤

---

① 斯宾塞:《社会学原理》,2:665。
② 引自卡内罗(Carneiro)编辑的《社会变革:赫伯特·斯宾塞〈社会学原理〉选》(*The Evolution of Society: Selections from Herbert Spencer's Principles of Sociology*),第 xlvi 页。
③ 斯宾塞:《社会学原理》,2:601。
④ 《自由书》,《饮冰室专集》,2:29—33,91—98。
⑤ 《论近世国民竞争之大势及中国前途》,《饮冰室文集》,4:56—57。

第三章　新民思想和明治日本的影响

　　这些思想在梁启超的"新民"思想中得到了充分的发展。他写道，自 16 世纪以来，由于民族主义的发展，欧洲的力量大大增强了。"民族主义者何？"即在这样一种状况之下，"各地同言语同宗教同习俗之人相视如同胞，务独立自治，组织完备之政府，以谋公益而御他族是也"。梁认为在过去的几十年里，民族主义已经发展成为"民族帝国主义（National Imperialism）"。"民族帝国主义者何？其国民之实力充于内而不得不溢于外，于是汲汲焉求扩张权力于他地，以为我尾闾。"其途径不限于使用武力、商业、工业或者教会。①

　　在这种新的达尔文主义观点中，帝国主义被认为是历史进化的必然结果。它代表了欧洲文明发展和扩张的高峰，是现代文明传播的媒介。梁启超试图通过"民族帝国主义"这一概念传达他从加藤那里获取的思想资源——欧洲民族国家力量的直接源泉正在于西方社会的能量。

　　如果说民族主义是现代民族国家力量的必要前提，那么中国如果要生存并维护主权，就必须在中国人民中发展民族主义。他写道，中国长久以来只知道"天下"，却不知道有"国家"。他们知道自己的利益，却不知道国家的利益。今天，他们必须明白，只有一个人是无能为力的；成为这个国家的一员是必要的。他们必须知道，他们的国家是充满竞争的国家群体中的一个，他们必须忠诚于自己的国家。②

　　加藤的国际达尔文主义成为梁启超新的民族主义的基础。作为对加藤的国际达尔文主义所呈现的残酷性的回应，梁意图

---

① 《新民说》,《饮冰室专集》, 4: 4。
② 同上书, 4: 16—23。

强调帝国主义的危险,并呼唤一个充满活力的民族主义的中国,如此可以在狂暴的帝国主义世界中生存并加入朝向现代的世界潮流。

但是梁启超和加藤的思想在侧重点上有很大的不同。加藤对国际达尔文主义的构想有双重含义:它强调了日本民族生存的紧迫性,但它也成为日本民族主义扩张的理论基础。梁的现实世界是不同的。中国没有在亚洲承担文明使命的正当性。换句话说,梁强调的是排他性的防御。

在得出中国必须发展民族主义的结论后,梁启超面临的下一个问题是:如何培育这种民族主义?他的回答是建立宪政和代议制政府。他认为,人民对政府行为的普遍参与将促进人民对国家的共同认同感。① 至此,1898 年前自由—民主与"富强"的联合完全理性化了——自由民主通过培育民族主义来促进国家权力的增长。

梁启超并没有就此止步。早些时候,他曾寄希望于来自上层政府的调试。1898 年变法运动的失败教会他将信仰转入他处,也教会他更复杂的知识——自由民主政府的功能使他更加意识到代议政府的基本先决条件。

再一次,他呼吁加藤的"强权"学说,这对他而言具有特殊的关联性。在 1898 年前,当他在很大程度上从孟子思想来理解西方民主思想时,他反复使用孟子"以民为本"理想以求民主制度改革。② 那么现在他开始追问:孟子思想和西方自

---

① 《爱国论》,《饮冰室文集》,3:73。
② 参见黄宗智《一个儒家自由主义者:梁启超的行与思》,第 2,3 章。

由—民主究竟有什么本质区别？

> 或问曰，孟子者，中国民权之鼻祖也。敢问孟子所言民政，与今日泰西学者所言民政，同乎？异乎？曰异哉异哉。孟子所言民政者谓保民也，牧民也……保民者以民为婴也，牧民者以民为畜。以保民牧民者，比之于暴民者，其手段与用心虽不同，然其侵民自由权则一也。民也者，贵独立者也，重权利者也，非可以干预者也。①

换句话说，一方面，在前一种思想中，统治者采取主动，人民不得不等待统治者的仁慈。另一方面，在现代自由民主中，建立自由—民主制度和保障个人自由的主动权来自社会成员。因此，中国人民必须承担起维护自己权利的责任。由此，梁启超呼应了加藤的主张，即"伟大的进化论"所决定的唯一的权力是强者的权力。②他的意图在于强调每个中国人维护自己权利的必要性："而民权之巩固，由于国民竞争权利，寸步不肯稍让"③，或者"欲自由其一身，不可不先自强其身"④。

梁启超对社会达尔文主义的解释和斯宾塞的思想之间的区别显而易见。斯宾塞的重点在本质上是决定论的——他认为自己是一个客观的科学家，致力于解释客观法则的必要运作。梁则倾向于强调人控制自己和国家命运的可能性——他呼吁采取革命行动。而加藤的"强权"理念则为完全不同的目的服务。

---

① 《自由书》，《饮冰室专集》，2：40—41。
② 同上书，第 31 页。
③ 《利己与爱他》，《饮冰室文集》，5：49。
④ 《自由书》，《饮冰室专集》，2：31。

只有"强者"才有资格享有"权利"的学说,也就在逻辑上可以证明对"弱者""权利"的否定,正如证明"弱者"必须变成"强者"一样。因此,加藤用进化论来反对"天赋权力",并于 1874 年、1882 年及之后,用进化论反对他认为为时过早的自由主义改革。①梁则在 1903 年后成为一个更谨慎的、与加藤具有相似重心的渐进主义者,②并以加藤翻译的伯伦知理(Johann Kaspar Bluntschli,1808—1881)的《国家学》(*Allgemeines Staatsrecht*)支撑他的主张。③

这里重要的一点是,尽管加藤和梁在直接使用"强权"上有明显的不同,但是梁从加藤那里得到了两个重要的理念。首先是加藤将国际达尔文主义和帝国主义作为全体国民扩张的构想。从这一思想,梁了解到现代民族国家权力生发自西方个人和社会的活力。其次是加藤的代议政府必须建立在国民特定资格基础之上的思想。梁以此进一步强调国民自身活力的"民气",并通过福泽谕吉(1835—1901)和中村正直(1832—1891)两位英国自由主义著作翻译先驱,来详细阐述"新民"的必要条件。

道德与国家力量

正如福泽本人在 1898 年所言,他关注的始终是"提升这

---

① 畑田忍:《加藤弘之》,第 37—40,44—45 页。
② 关于这一变化的内容和原因,参见黄宗智《一个儒家自由主义者:梁启超的行与思》,第 124—129 页。
③ 加藤的翻译于 1872 年出版。有关伯伦知理将国家视为一个人的有机体的国家思想对加藤的影响,参见畑田忍《加藤弘之》,第 58—59,84—85 页。

片土地上男男女女的道德标准，使他们真正配得上一个文明国家的称号"。他的道德纲领以"独立自尊"这句口号为中心，因为"一个国家的独立源于人民的独立精神。如果人民中旧的奴性如此根深蒂固，则我们的国家将无法立足"[1]。

　　福泽所认为的，日本要获得国家尊严，那么日本国民必须紧随英格兰接受一套全新的道德模式，这样的观点在中村正直那里更加明确。中村所翻译的塞缪尔·斯迈尔斯的《自助》（1859），最成功地宣传了英国维多利亚时代的道德。斯迈尔斯的著作是对维多利亚时代"工作的福音"的经典阐释，充满了对工作、投入、勤奋、耐心、恒心以及升华人格的规劝。对于斯迈尔斯来说，此书的目的是论证"自助精神是个体发展的真正根源"。作为辅助论证，他断言，当这种自助精神"在许多人的生活中得到实现时，它就构成了国家活力和力量的真正源泉"[2]。但是在中村那里，次要的观点变成了最重要的论证，因为中村最感兴趣的是发现英国惊人国力的秘密所在。中村的《自助》日译书名为《西国立志篇》，他在这本书的序言中强调，西方国家的力量不是来自他们的军队，而是"来自他们对上帝的真诚信仰，来自他们拥有自决权，以及他们的政府及法律的公正"[3]。中村的重点是西方力量首先在于西方道德的这一秘密，并且试图给他的人民灌输一种新的道德观念。

---

[1] 《福泽谕吉自传》（*The Autobiography of Fukuzawa Yukichi*），清冈英吉翻译，第337页。
[2] 塞缪尔·斯迈尔斯（Samuel Smiles）：《自助》（*Self-Help*），第1页。
[3] 中村正直：《西国立志篇》，第5页。

这一中心思想给梁启超留下了深刻的印象。梁的并且也是儒家思想的偏好,是将道德视为一切事物的根源——只要根源健全,其他一切都将是好的。他反复强调"现代性"兼有"形质"和"精神"这一主题。"形质"由政治制度、法律和方法组成,而"精神"则与人民的"元气"有关。"精神"的获得是更为困难的,然而一旦获得,"形质"自然随之而来。"真文明者",梁总结道,"只有精神而已"。①

　　如此,他再三重复了福泽和中村的思想。他为"独立"②和"自尊"③各写了单独的文章。他要求精神上的创造性和独立性,"我有耳目,我物我格。我有我心思,我理我穷……仰俯随人,不自由耳……胡自污蔑以与猴犬为伦也"④。他还写了一篇关于"自助"的文章,称赞中村"其振起国民之志气,使日本青年人人有自立自重之志气"⑤。

　　简而言之,梁启超向加藤、福泽和中村学习,因而也得出了相同的结论——中国必须发展一种新的个体,以实现现代化。从加藤那里,梁学到了现代民族国家的强大力量来自国家与社会的统一。梁认为,只有通过发展民族主义和代议制才能实现这种统一。但是代议制,梁从加藤那里认识到,是建立在有政治意识和积极的国民群体基础之上的。梁进一步从福泽和中村那里认识到,西方力量和进步的秘诀在于其个体的独特性格。

---

　　① 《国民十大元气论》,《饮冰室文集》,3:61—62。
　　② 《独立论》,《饮冰室文集》,3:62—65。
　　③ 《论自尊》,《饮冰室专集》,4:68—76。
　　④ 《新民说》,《饮冰室专集》,4:48。
　　⑤ 《自由书》,《饮冰室专集》,2:16。

梁因此呼吁一种新的中国国民，一种积极的、独立的和民族主义的国民。

梁融合了加藤、福泽和中村等非常不同的思想家们的思想，从发展新型国民的基本考虑出发，这是很容易理解的。加藤、中村和福泽有一个共同的出发点——"明六社"，他们都是其成员。这个成立于1873年的社团一直致力于彻底改变日本人的性格。所有社员的共同设想是，日本人的道德和"精神"的根本改革是日本现代化的首要任务。①梁的儒家思想倾向于把人的道德、价值观和态度看得比其他一切都重要，这使他很容易接受这种思想。

梁选择中村和福泽作为他的导师还有其他原因。英格兰是梁的理想。在向往明治日本时，梁并没有过多地定义他的目标，而是去明确实现这些目标的方式。福泽和中村是日本明治时期英国自由主义的两位主要的翻译家，而他们恰恰为梁提供了他所需要的答案。

这些不同的观点在1902年和1903年的《新民说》一书中被汇编在一起，这是梁对中国现代化进程的明确表述。②

---

① 参考布莱克（Blacker）《日本的启蒙：福泽谕吉作品研究》（*The Japanese Enlightenment: A Study of the Writings of Fukuzawa Yukichi*），第32页。

② 《新民说》第1章到第17章写于梁去往美国之前的1903年。前一部分和后一部分之间在基调和重心上都有着巨大的不同。这里我所引用的是第17章的内容。对最后三章的讨论，参见黄宗智《一个儒家自由主义者：梁启超的行与思》，第127—128页。

新 民

梁启超的"新民"这一术语,取自经典的《大学》,但在用法上作了重大的修改。《大学》开始于这样的段落:"大学之道,在明明德,在亲民(也读作新民),在止于至善。"①在其他地方还写道:"苟日新,日日新,又日新。"②或者,"康诰曰:'作新民'"③。显然,这些寓意都是写给统治者和他的官员们的。但是《大学》也可以被解释为是为所有的人准备的,特别是如果从《孟子》中的一句话来看:"人皆可以为尧舜"④。的确,《大学》中有这样一段话,"自天子以至于庶人,壹是以修身为本"⑤。梁对"新民"术语的使用,在后一种解释中是明确的。他写道:"新民云者,非新者一人,而新之者又一人也,则在吾民之各自新而已。"⑥他的意图在于为现代中国的"新民"提出一套新的道德标准。正如他所说的那样:"能去其旧污者谓之自新,能去社会旧染之污者谓之新民。"⑦

梁接着劝告所有的中国人采用一种新的价值观。他的两个主题是"自由"以及民族主义之"精神"。每个人都必须相信自己的思想,而不是依赖于过去圣贤的权威;一定"勿为古人

---

① 梁启超依据宋儒的传统,将"亲民"读作"新民"。
② 《大学》,2:1。
③ 同上书,2:2。
④ 《孟子》,6.B.2。
⑤ 《大学》,1:6。
⑥ 《新民说》,《饮冰室专集》,4:3。
⑦ 《自由书》,《饮冰室专集》,2:75。

之奴隶""勿为世俗之奴隶""勿为环境之奴隶"或"勿为情欲之奴隶"。①这种独立的"精神"的另一个方面是"权利意识"。"新民"不能等待仁慈的统治者赋予他权利,他必须主动为自己寻求法律的保障。②"自由"之"精神"也包括对国家主权重要性的认识。③每个中国人都必须明白,他的国家的利益也是他自己的,并应向自己的国家报以忠诚。④

除了"自由"和民族主义,梁还提出了许多其他的新价值观。个人必须培养身体、道德和智力上的勇气,应该有"进取冒险"的精神。这就带来了希望、热诚、智慧、胆力和体魄等特点。⑤拥有这些美德并坚持不懈的人才可能成功。⑥

新的中国国民还必须具有现代国家的公民道德。他必须有"义务思想",认识到责任是权利的反面。他应该做好履行纳税和服兵役等社会责任的准备。⑦梁还强调"自尊",他的意思是对法律、对同胞的尊重,以及自强不息,追求有价值的目标和群体的责任感,⑧他要求新民在经济上有生产力,不要做从属他人生活的寄生虫。⑨个人必须培养"自治"———一种自我管理的能力,以及控制自己的情欲的能力,从而过一种有秩序和

---

① 《新民说》,《饮冰室专集》,4:47—50。
② 同上书,4:39—40。
③ 同上书,4:41—44。
④ 同上书,4:16—23。
⑤ 同上书,4:23—31。
⑥ 同上书,4:96。
⑦ 同上书,4:104—108。
⑧ 同上书,4:71—74。
⑨ 同上书,4:80—96。

建设性的生活。①还必须培养作为社会之一员的能力，培养民族意识以及对公共福利的重视（合群与公德）。②

这篇文章的主旨是以积极的宣言来号召民众。梁启超的所有劝诫都被置于他所采用的社会达尔文主义的范畴和框架内。事实证明，盎格鲁-撒克逊人是"竞生"世界中"最适应"的人。中华民族要在达尔文主义的国际社会中生存下去，就必须使中国人更"适应"，更像盎格鲁-撒克逊人。他们必须从专制统治的被动附庸转变为一个新国家的积极国民。③这一核心思想不再仅仅限于新的军队、技术、产业、制度或法律，而是一种具有新的价值观的新型中国人。这一思想转而构成了一系列假设的基础——西方的挑战不再被理解为财富的优势和军事力量，而是一种从本到末的总体性的挑战。现在，帝国主义不再被简单理解为对中国可恨的侵略，而是同时也是一个现代文明传播的中介，一个面向现代的全球进程。中国的现代化不仅被理解为是必需的，而且是值得期待的。所有这些思想在 20 世纪初期都是全新的；它们将通过五四运动时代而成为人尽皆知的常识。

---

① 《新民说》，《饮冰室专集》，4：50—54。
② 同上书，4：76—80。
③ 同上书，4：7—11。

第四章

梁启超思想中的自由主义与民族主义

梁启超同时也深受 18、19 世纪英国自由主义思想家的影响。他的著作，特别是 1898—1903 年间的著作，大量参考了杰里米·边沁（Jeremy Bentham，1748—1832）、约翰·斯图亚特·穆勒（John Stuart Mill，1806—1873）、赫伯特·斯宾塞（Herbert Spencer，1748—1832）的著作，并引用这些人最喜欢的短句"最大多数人的最大幸福""思想和言论自由""为生存而斗争"以及"适者生存"等。但是假如说梁启超是一个自由主义者——不是在现代而是在古典自由主义意义上——则在意味上既过多又过少。古典自由主义立刻让人想起"国家是消极警察"的概念，自由放任主义的经济思想，以及 17 世纪末、18 世纪和 19 世纪上半叶的英国。"古典自由主义"作为在特定历史背景下获得的思想集群，在跨越时间和文化的界限时，必然会发生实质性的变化。与欧洲大陆相比，古典自由主义思想在中国经历了重新诠释。梁启超的"自由"思想实际上是儒家准则和西方思想的混合物，是梁的思想倾向和他的现实世界相结合的产物。

在分析梁的"自由"思想时，首先遇到的困难之一是语言。梁的自由主义思想导师使用的许多范畴对他来说都是全新的，他必须创造一个新的词来表达这些思想。梁的"自由"即是对"Liberty"一词的对等翻译，但这种对等不能被视为理所当然。首先，汉语"自由"的本义与"Liberty"词义有着根本性的不同。"自由"在文言文中只表达"随心所欲"的意思。①英语单

① 诸桥辙次主编，《大汉和辞典》（*Dai Kan-Wa jiten*），9：404

词"Liberty"当然与这个概念有相似的意义,但它的基本含义是摆脱束缚或专制暴君的统治及控制,①与汉语古文的内涵非常不同。仅这一事实就表明,中国近代思想史家必须不断地注意单就翻译行为所引入的阐释。对梁启超而言,第一个问题必然是:使用"自由"这一词究竟要表达什么意思?

最初,梁启超很自然地将他的随机学习笔记命名为《自由书》。这些笔记涵盖了各种各样的主题,从有关格拉德斯通(Gladstone)、俾斯麦(Bismarck)、谭嗣同、加藤弘之、赫伯特·斯宾塞的短文,到"自助""自信""教育""英雄"等短论。②仅仅在《新民说》中——该论文大部分写于1902年③——梁试图对他的"自由"概念给出一个系统的定义。

根据梁启超的界定:"自由者,天下之公理,人生之要具,无往而不适用者也。"有四种"自由":政治的,处理人民与政府的关系;宗教的,教徒对教会的附属自由;民族的,本国对他国的自由;经济的,资本家与劳动者相互保有其自由。梁所关心的,他写道,首要的是"政治上的"和"民族上的"自由,他很快将这两者融合为"政治自由"。依次有六种"政治自由":没有阶级特权;公民在政府中有发言权;殖民地的自治及其与"母国"的平等地位和权利;信仰自由;民族自决权;劳动者

---

① 《简明牛津英语词典》(*The Shorter Oxford English Dictionary*),第三版,第1135页。
② 《自由书》,《饮冰室专集》,2。自1899年于《清议报》开始连载,最后的部分刊登于1905年的《新民丛报》。
③ 《新民说》,《饮冰室专集》,4。《新民说》的第1章到第17章写于梁去往美国之前的1903年。它们被发表在《新民丛报》的第1期(1902年2月8日)到第29期(1903年4月11日)。最后三章是梁从美国返回后写成的。最后一章直到1906年1月9日才在《新民丛报》第72期发表。

不受剥削的自由。（唉，梁从来都不是一个非常清晰、精确的思想家。）这六条中有四条是不属于中国的问题，只有两条是必要的——人民对政府的普遍参与和国家主权。①

紧接着，梁要求每一位"公民"都应有独立和积极的主张。他首先批评中国人的"奴性"。一个人不应该成为古人的奴隶，他应该拥有属于自己的思想；也不应该成为习惯、环境或者欲望的奴隶。梁清楚地说明了他为什么要求坚定的、不受思想束缚的"公民"——这样的人对中国的进步和国家的生存是必要的。换句话说，"自由"不仅在其自身，而且因为它将有助于国家权力与生存。②

这样的"自由"概念立刻表明，梁与他的自由主义导师之间存在着巨大的鸿沟。梁对边沁和穆勒的阐释及评论可以说明这种差异。显然，他不仅阅读了关于边沁思想的日文间接材料，还读了包括《道德和立法原则概述》在内的几部边沁作品的日文译本。③他对边沁有足够的了解，对边沁思想的重要性作了一个大致准确的总结。但他总是加入自己的评论，为读者呈现拒绝、选择并重新解释的那部分边沁。

他不喜欢边沁的教条功利主义——快乐是唯一的善，痛苦是唯一的恶，将对善与恶的判断完全等同于判断一种行为是否增加或减少人类痛苦或快乐的总和。他以"必非能适用于今日中国之普通学界者也"为由，拒绝了这一原则。④

---

① 《新民说》，《饮冰室专集》，4：40—44。
② 同上书，4：45—50。
③ 《乐利主义泰斗边沁之学说》，《饮冰室文集》，13：31。
④ 同上书，13：39。

然而，他赞扬了边沁作为立法的原则——"最大多数人的最大幸福"。梁是这样说的："边氏之意，以为凡举一事，立一法，不论间接直接，苟能使过半之人民得利益者，皆可取之；其使过半之人民蒙损害者，皆可舍之。"在梁看来，这是无可争议的。①

然而，即使在这里，他也加入了自己的解释。他当然没有去考虑基于痛苦和快乐的精确计算的"科学立法"，而只是简单地要求立法者以"公利"为导向，"公利"对梁来说仍然是一个模糊的概念，无法精确衡量。他把边沁的准则比作儒家的"仁"——慈悲。②给梁留下深刻印象的边沁准则不是道德唯利论的"科学"，而是简单的"最大多数"的范畴。

"多数人"至上的思想是梁的一个新思想，也是他十分重视的一个新思想。在他逃亡到日本之前，他曾经多次以孟子来论证统治者及其官员只是社会的仆人，他们的任务是实现人民的愿望。但是"人民"在他的"孟学"的民主概念中仍是一个抽象的范畴。现在他倾向于用"大多数"这个更具体的概念来代替"人民"这个范畴。即使在评论卢梭时，他也指出，"公意"在实践中必须通过多数决定原则来达成。③他还提出了这样一种理论：历史见证了一个不断扩大政治权力基础的过程，即从少数人统治过渡到多数人统治。④他进一步指出，多数人和少数人的利益经常发生冲突。在一个乌托邦的社会，任何一

---

① 《乐利主义泰斗边沁之学说》，《饮冰室文集》，13：45—46。
② 同上书，13：38—39。
③ 《卢梭学案》，《饮冰室文集》，6：105。
④ 《政治学学理摭言》，《饮冰室文集》，10：67。

方都不会被迫为了对方而牺牲,但是在他那个时代的现实中,一个人必须为多数人作出选择。①

这种提法表明,梁更关心中国社会和中华民族的福祉,而不是个人本身的利益。梁对穆勒的解读也证明了这一点。1899年,他在《自由书》的前言中首次提到了穆勒:

> 西儒约翰弥勒曰:"人群之进化,莫要于思想自由言论自由出版自由。"三大自由皆备于我焉,以名吾书。②

尽管梁从未像对待边沁、卢梭那样,为穆勒写过一篇单独的文章,但他经常提到穆勒,最集中的是在 1902 年的一篇题为《论政府与人民之权限》的文章中,他引用了穆勒的《论自由》,这篇文章显然是受到了穆勒思想的启发。③

在这篇文章中,梁主要关注的是如何打破封建王权的界限,其次是如何划定人民的权利界限。④政府权力应该根据下列准则加以限定:政府只应做那些个人无法完成的事情;政府只干涉那些侵犯了他人权利的个人行为。⑤这一提法虽然含糊不清,

---

① 《政治学学理摭言》,《饮冰室文集》,10:69。
② 《自由书》,《饮冰室专集》,2:1。梁毫无疑问从日本思想家如福泽谕吉、中村正直那里学习了穆勒,并且可能读了一些日本翻译的穆勒作品。当时他似乎还不太可能读了严复翻译的《群己权界论》,那时该书的手稿还没有完成。在 1900 年的义和团运动中,严复丢失了他的手稿,直到 1903 年才找回并出版。参见史华慈《寻求富强:严复与西方》,第 130,142 页。
③ 《论政府与人民之权限》,《饮冰室文集》,10:1—6。第 3—4 页解释了穆勒《论自由》最前面几页的内容。参见穆勒《论自由》,第 1—5 页。
④ 《论政府与人民之权限》,《饮冰室文集》,10:1。
⑤ 同上书,10:2。

却表明梁当时倾向于古典自由主义,强调限制国家权力。

但是,平行线很快在这里停止了。在《论自由》与梁对它的解读之间,存在着根本的差异。穆勒对自由的主要关注是定义一个个体至高无上的领域。雅各宾(Jacobin)的恐怖统治和托克维尔(de Tocqueville)对民主危害的警告才是穆勒真正关心的问题。他写道"多数人的暴政"的恐怖,"社会平等的不可避免的增长和公众舆论的政府将给人类在舆论和实践上强加一个一致性的压迫枷锁"①。在穆勒看来,"自由"有双重正当性——它促进了社会的进步,并为一个人提供了充分发挥其个性的条件,而个性正是"幸福的要素之一"②。

梁并不赞成这种忧虑。在他的世界的现实中,"舆论的压迫"和"多数人的暴政"似乎的确是遥远的问题。出于这个原因,尽管他引用了穆勒引言中关于多数人暴政的段落,但他并没有费心去评论它。在其他地方,他说,在少数和多数利益发生冲突的地方,必须以多数人占优势。③这样的想法是穆勒所深恶痛绝的。

梁与《论自由》之间的基本分歧在于,梁对"个体性"本身作为目的的认识不足。穆勒认为,自由最能提供条件,使个人得以发展个性,获得个人的快乐和福祉。"个体"本身是绝对的。而梁关心的主要还是国家问题。"个人"这一范畴对梁来说是全新的,他很难把它视为理所当然的绝对概念。因此,

---

① 穆勒:《自传》(*Autobiography*),第253页。参见穆勒《论自由》,第5—6页。
② 同上书,第76—103页。
③《政治学学理摭言》,《饮冰室文集》,10:69。

穆勒在《论自由》中最常并列的范畴是"个人"和"社会",而梁主要谈到的却是"人民"和"政府",甚至当他意译穆勒时,把"个人"和"社会"直接译成"人民"和"政府"。他始终把他的自由观点置于国家利益而不是个人幸福的背景之下。①

如果梁的主要关注点确实是中华民族,那么他为什么会被穆勒所吸引呢?为什么他要抓住"自由"——一个与个人相关的西方价值——作为对中国病症的回答呢?

首先,梁的知识分子气质与穆勒非常相似。穆勒曾这样描述自己:"作为一个有独创性的思想家,我一直对自己的能力保持谦逊的态度⋯⋯但我认为自己在学习的意愿和能力上远远超越了大多数同龄人。"②莱斯利·斯蒂芬(Leslie Stephen)评论穆勒说,"真正宽厚的情操,真诚的身教",为他对旧的自由思想的争辩增添了新的力量。③莱斯利进一步指出穆勒的"完美的知识分子的正直"④,强调穆勒"非常坦诚,公正的观点,最愿意承认别人的优点"⑤。换句话说,"思想和言论的自由"不仅是穆勒理智上坚定的信仰,而且更深沉地,是他自己心灵的基本倾向。

和穆勒相似,梁也为自己能够容忍不同的观点并愿意改变自己的见解而感到自豪。他的座右铭是:"不惜以今日之我难

---

① 《论政府与人民之权限》,《饮冰室文集》,10:1—6。参见《新民说》,《饮冰室专集》,4:40—44。
② 穆勒:《自传》,第242页。
③ 斯蒂芬:《英国功利主义者》(*The English Utilitarians*),第252页。
④ 同上书,第74页。
⑤ 同上书,第69页。

昨日之我。"①他注意到自己和康有为之间最大的差别是"有为太有成见，启超太无成见"②。

事实上，他的思想异常地自由和灵活。他几乎没有理智的包袱，也没有固定的路线，而是随着周围环境的变化而变化。他在理智上的灵活性，与康有为的僵化形成了鲜明对比。这也是两人之间有如此多不同之处的原因。梁不满康的"武断"在学堂时代之初就已经开始。③到1897年，他已经受到严复的影响，准备与康作思想上的分离——他拒绝了为康"保教"的努力，并赞颂严复为他打碎了"数千年闷葫芦"④。一到日本，他就公开挑战康有为的"保教"以及儒学作为国教的努力。他的理由是以之为信仰会扼杀人们的理智的活力。他曾说过："吾爱孔子，吾尤爱真理，吾爱先辈，吾尤爱国家，吾爱古人，吾尤爱自由。"⑤他在后来的著作中一再呼吁思想和精神的独立，并对那些为思想自由化事业作出贡献的人大加赞赏。⑥

他在其他方面同样与穆勒有相似之处。穆勒认为自己生活在一个过渡时代，"旧的观念和情感已经动摇，尚未有新的学说能够取代它的支配地位"。穆勒对近代思想世界的看法，强调了思想和言论自由的重要性——以便所有可能的真理都能得到倾听，并在相互冲突的思想挑战中感到生机勃勃的鼓舞。⑦

---

① 《清代学术概论》，《饮冰室专集》，34：63。
② 同上书，34：65。
③ 同上书，34：56。
④ 《与严幼陵先生书》，1：109。
⑤ 《保教非所以尊孔论》，《饮冰室文集》，9：59。
⑥ 例如见《近世文明初祖二大家之学说》，《饮冰室文集》，13：11—12。
⑦ 穆勒：《自传》，第254页。

穆勒认为相对于新体系的创造者，自己在这个过渡时代的角色更多是"原创思想家的阐释者，以及他们与公众之间的调[解]者"①。梁的思想在这方面与之有惊人的相似。梁在评价[他]在中国近代思想史上的作用时指出，他的指导原则是"须将[世]界学说为无限制的尽量输入"。他自己确实"务广而荒"——他的思想"多模糊影响笼统，甚者纯然错误"，而他的方法则是"粗率浅薄"。但他已经"开新局"，可以被认为是预示新的思想世界的人。②和穆勒一样，梁启超认为自己生活在一个新旧思想世界的过渡时代，他坚信思想自由将最大可能地塑造即将到来的新世界。这些气质和信念上的相似性是梁在穆勒身上找到兴趣的主要原因。然而，考虑到梁对中华民族命运的关切，如果他认为"自由"与他的民族主义目标相冲突，那么他绝不会如此狂热地拥护"自由"。问题是：为什么梁认为代议制、思想自由和言论自由与他的民族主义密切相关？

他认为他的自由主义理想和他的民族主义关切之间有一种利益的一致性，这是基于他从加藤弘之那里得到的社会达尔文主义思想之上。如前所述，对于梁而言，达尔文主义思想的中心是，西方国家的力量来自竞争和自由驱动的西方个人的综合力量。应用到思想上，达尔文进化论意味着"适者生存"思想条件下的自由"生存竞争"。

这种认为充满活力的个人将为同样充满活力的社会作出贡献，而"自由"将促进这些个体的发展的观点，并不是梁或加

---

① 穆勒：《自传》，第 242 页。
② 《清代学术概论》，《饮冰室专集》，34：65。

藤的原创。例如，从穆勒那里就可以看得很清楚。穆勒引用威廉·冯·洪堡（Wilhelm von Humboldt）论证道："这些（自由以及各种条件）的结合将产生个人的活力和多样性的差异。"一个人只有独立地行动和思考才可能拥有积极且充满生命力的个性。① 19世纪的英国自由主义与维多利亚时代的道德及其"工作的福音"紧密地交织在一起。

在梁看来，这里的含义显而易见：英国强大；它有代表机构，它的理论家们强调自由及充满活力的主张。明治日本已经成功实现了现代化；它通过了宪法、代议制机构，它的一些杰出思想家也赞同英国自由主义者的观点。结论似乎已经非常明显："自由"及其仿照维多利亚时代英国的一种新的道德模式将促进个人活力的充沛发展，而这又将反过来保证中华民族的现代化及其繁荣发展。这正是梁启超"新民"思想的中心。

但是，这种自由主义带有内在的弱点。如果能够让梁看到那个代议制政府会怎样呢？民主思想和言论自由实际上不会对国家的力量有所贡献。虽然"自由"可能确实对英美两国的活力和力量有所贡献，但"自由"和国力之间并没有必然的联系。19世纪还出现了其他的强权模式，例如拿破仑的法国和俾斯麦的德国。梁也许是对的，他认为团结社会力量实现国家目标是现代国家力量的一个重要组成部分。但社会力量可以以不同的方式加以利用，正如20世纪所显示的那样。

事实上，人们很可能会说，代议制和思想自由与现代中国压倒一切的问题——国家主权——完全无关。梁启超时代的中

---

① 穆勒：《论自由》，第79—80页。

国充满内乱和外敌入侵。梁所称的"新民"仍然是海市蜃楼。在这种情况下,代议制政府很难成为实现国家统一和快速实现现代化的有效手段。因此,尽管梁的古典自由主义倾向促使他强调政府权力的局限性,但他的民族主义关切越来越要求他优先考虑一个强大的国家。不久,梁不得不面对他的自由主义和民族主义之间的紧张关系。

决定性的一年是 1903 年。自 1898 年以来,梁一直以各种各样的新发现所带来的热情支持自由主义思想;到 1903 年,许多新奇的东西已经消失了,梁也更有准备地去批判性地评价它们。这对梁来说是全新的一年。他游历了美国各地,几乎拜访了每一个主要的华人聚集中心——纽约、波士顿、费城、新奥尔良、圣路易斯、芝加哥、波特兰、旧金山、萨克拉门托,等等。①那一年的经历彻底改变了他的许多想法。

中国的现实和他在美国看到的情况之间的巨大差异使他震惊。梁对他所看到的一切并不是不加批判的——例如,他指出了对黑人的虐待,②指出了收入方面的惊人不平等③——总的来说他对美国留下了深刻的印象。美国经济的活力,国家实力的惊人增长,大城市的规模和财富(相形之下,日本看起来很贫穷落后)是他感到惊奇的事情之一。他经常忍不住比较美国和中国的情况。他尤其关注到这样一个事实:到 1900 年,美国大约有 11226 种报纸和期刊,拥有 1500 万名读者;他指出,即

---

① 《梁启超年谱长编》,第 174—191 页。除了他这一年的大部分信件外,这里提供了一份详细的梁启超的行程记录。
② 《新大陆游记节录》,《饮冰室专集》,22:87。
③ 同上书,22:39。

使是中国最优秀的期刊,其所能夸口的发行量也只有几千份。①还有一次,当他参观芝加哥大学图书馆时,他注意到图书馆不设管理员,学生们可以自由使用书库。图书馆管理员告诉他,这一政策之所以可以执行,是因为根据学校的计算,设置数人监督的花费将超过每年偶尔丢失的 200 多册图书的损失,梁感叹道:"即此区区,东方人所学百年而不能几者。"②

他与保皇会美国各分支机构打交道的经历加剧了他的幻灭感。他是应保皇会邀请去美国的,主要任务之一是筹集资金。在那里他反复遭遇到挫折。他的声誉足以确保无论他走到哪里都有热情的接待,但他仅仅成功地为他的政党事业赢得一点点财政支持。困难之一是这个政党几乎没有什么具体的成就,另一个原因是政党所谋划的行动的性质——当时,康有为正试图雇杀手来暗杀慈禧太后。这样的计划必须保密,而保密不是促使人们掏腰包的最佳方式。即使是梁成功筹集到的少量资金也不总是在他或者康有为的掌控下——党内组织结构非常混乱。最后,梁自己不断受到那些不体谅党的人的诽谤和批评。很快,作为一个一生大部分时间都花在学习研究中的人,政治行动的勇气被证明实在非他所能承受。旅行结束时,他向康有为抱怨他的努力是徒劳的——他希望能为一个有价值而明确的目标去工作和牺牲。③

在美国华人社区观察到的情况使他进一步相信,他的理论与现实相去甚远。旧金山的唐人街让他非常苦恼,他指出,这

---

① 《新大陆游记节录》,《饮冰室专集》,22:53。
② 同上书,22:91。
③ 参见梁启超给康有为的报告,《梁启超年谱长编》,第 188—190 页。

个两三万人口的社区，实际上有六份报纸和期刊，其文化水平远超中国任何地区。然而，它仍然陷入腐败、明争暗斗、效率低下和贫困之中。这些和其他的观察使他得出这样的结论：中国人只有资格成为宗法家庭的族民——他们没有民族意识，也没有高尚之目的，他们"喧闹、昏浊、狼藉、不洁"。中国人"只可以受专制，不可以享自由"①。

这些观察使他直接反对革命者的计划。孙中山和他的追随者们把梁早期的许多思想带到他们的极端结论之中：日益高涨的革命进程把共和主义作为医治中国弊病的万灵药——如果清政府能被推翻，民主共和就会随之而来，一切都会好起来。此时的梁启超对自由民主的理解已经很成熟了，他无法接受这样的方案。

与孙中山倾向于强调制度的形式相反，梁启超从一开始就强调民主制度的必要基础。这即是他的"新民"的主旨——有政治意识和活力的公民是自由民主的主要前提。正是因为他把重点放在了制度的基础而不是其形式上，他才比孙中山更快地认识到民主在中国是不成熟的。到美国之行结束时，他已经完全相信他设想的"新民"充其量只是一种遥远的可能性；"自由"不能通过革命在一夜之间实现。

从美国返回后，他的著作在语气和重点上发生了突然的变化。《新民说》最后三章就是在这一时期写成的。②与前几章形成鲜明对比的是，这几篇文章聚焦于过去而不是未来。梁提醒

---

① 《新大陆游记节录》，《饮冰室专集》，22：122—126。
② 参见本书第 80 页注释③。

自己,他的作品只能触及"限于少数国民中之最少数者"①。华侨的情况进一步表明,中国人民根本不具备成为现代公民的必要条件。②梁反复告诫不要贸然行动,反对他早先主张的"破坏主义",转而主张渐进主义。③

在1903年以前,他眼中的权威是像穆勒、福泽这样的自由主义思想家;现在他需要一个新的权威来巩固他新的思想立场。他所要召唤的人是约翰·卡斯帕·伯伦知理——瑞士法学家、政治学家和政治思想家,欧洲历史上一个相对次要的人物,但在日本被加藤弘之抬高到显赫的地位。1872年加藤翻译并出版了伯伦知理的《国法泛论》(*Public law*)。④伯伦知理的思想为梁启超在1903年后倾向于把国家置于首位提供了一个合理的解释。梁回应了伯伦知理的国家理论——国家是一个有机实体并且拥有自己的意志、个性、发展和成长——"一个道德和精神的有机体,一个伟大的身体,它能够把这个国家的感情和思想纳入自身,在法律中表达出来,并在行动中去实现它们"⑤。

这时梁的观点与从前大不相同。根据他的说法,他曾使用了卢梭关于自由之方向的解释——希望这些思想可以作为通向一个自由民主和强大的中国的桥梁,但他甚至连其目标的一小

---

① 《新民说》,《饮冰室专集》,4:130。
② 同上书,4:149—151。
③ 同上书,4:135,143—149。
④ 该译著的出版被认为确定了加藤政治理论——国家学在日本的权威地位。参见畑田忍《加藤弘之》,第85页。
⑤ 伯伦知理:《国家论》(*The Theory of the State*),第15—23页。可参考《政治学大家伯伦知理之学说》,《饮冰室文集》,13:70—71。

部分都没有实现,更糟糕的是,中国的无政府主义倾向已变得肆无忌惮。①他准备抛弃卢梭。他接着说,如果说卢梭是19世纪思想之母,那么伯伦知理就是20世纪思想之母。帝国主义和国际斗争给国家提出了新的要求——每个国家都必须在强大的中央政府下团结起来,以便在国际社会生存下去。②中国最迫切需要的是有机统一和强大的纪律;自由和平等在当时仅仅是次要的。他自己早些时候对自由的主张太过火了③——自由民主只能在成熟的国家中发挥作用,而中国人还没有具备成为现代国家公民的必要资格。④

两年后,他在一篇名为《开明专制论》的长文中系统界定了这一命题。⑤梁的出发点是国际达尔文主义。国家是一个有机的整体;那些团结一致、适合生存的国家会生存下来;那些被内乱撕裂的国家则不适合生存,将被摧毁。⑥梁接着说:"适也者虽劣亦优,不适者虽优亦劣也。"⑦因此,判断一种政治制度的质量的主要标准是它是否促进了在国际舞台上生存的"适宜性"。梁同时对"开明"作了相应的定义:"虽甚妨害其正当的竞争,几夺其自由之大部分乃至全部分,而其立制之精神,乃出于国家自卫所万不容已,则亦良也,如是则谓之良。"⑧

---

① 《政治学大家伯伦知理之学说》,《饮冰室文集》,13:67。
② 同上书,13:89。
③ 同上书,13:69。
④ 同上书,13:89。
⑤ 《开明专制论》,《饮冰室文集》,17:13—83。
⑥ 同上书,17:14—15。
⑦ 同上书,17:34。
⑧ 同上书,17:21。

梁的"开明专制者"将是一个为了国家的生存和国内安宁而统治的人。为了达到这些目的,他将实施任何必要的法律和纪律,只要他始终遵循这些要求去考虑,那么他就是一个理想的统治者。梁选择的"开明专制者"的理想模型是腓特烈二世和拿破仑一世。①

他的自由主义承诺被推到了更远的未来。他断言,"开明专制"将是立宪政府的过渡和准备阶段。在"开明专制"下,应该建立一个咨询议会,为全面的代议制政府作准备。②这些想法与他 1903 年之前的"限制政府权力和个人自由"的观点大相径庭。重点的转变是由于他越来越意识到,中国的现实与他的自由理想之间的差距,在这种情况下,"自由"与国家权力的目标几乎没有关联。

他的新的重点是在一位全权的统治者治下建立一个强大的国家,而这也强调了他早期自由主义思想的基本关切点。在中国屡遭帝国主义列强侵略和迫害的情况下,他不能不首先关心中华民族的生存和发展。只要他相信他的自由主义理想对国家生存有利,他就可以一直拥护下去。一旦他意识到中国对"自由"的准备不足,他就不得不在他的自由主义理想和他的民族主义关切之间作出选择。他选择了后者——他的自由主义目标被推到了遥远的未来,民族主义的思考占据了主要地位。

---

① 《开明专制论》,《饮冰室文集》,17:21—22。
② 同上书,17:67。

第五章

改良还是革命

与梁启超的自由主义理想和民族主义情绪之间的冲突密切相关的是，他在决定走革命路线还是改良路线上犹豫不决。有一段时间，他试图维持这样一种假象，即在革命和改良之间存在着一种利益上的同一性，当他选择革命而不是改良时，就像他 1903 年之前所做的那样，他从来没有明确地致力于革命事业。1903 年后，他倾向于改良而不是革命，与此同时，他的民族主义担忧压倒了他的自由主义抱负。梁在革命与改良之间的斗争，在他的一部政治小说《新中国未来记》中得到了很好的体现。①这部小说以口语风格写成，于 1902 年发表在他的新期刊《新小说》上。②他的小说旨在传达其政治观点，③并为创造"新民"的新文学铺平道路。④

这个故事本身既是虚构的历史，又是政治讨论。它以中国"维新"五十周年为开端，时间为写作之时六十年后。中国已经建立共和国五十年，从始于首任大总统罗在田，假名于光绪帝（爱新觉罗·载湉）。值此五十周年之际，孔子后裔、曾经积极参与维新运动的孔弘道教授，正在作"中国六十年史"的讲座。孔弘道教授的故事以"立宪政府联盟"的成立开始，该联盟联合了推动国家变革的三股主要力量：革命党、保皇党和

---

① 《新中国未来记》，《饮冰室专集》，89：1—57。
② 《新小说》（1902 年 11 月到 1905 年 10 月，共 10 期），加州大学伯克利分校图书馆，第 1 卷第 3 期，1903 年 1 月 13 日。《新中国未来记》的第四章就发表在这一期。
③ 参见《新中国未来记》前言，《饮冰室专集》，89：1。
④ 《论小说与群治之关系》，《饮冰室文集》，10：6。

秘密社团。这个联盟并不为政府形式上的派系分歧所困扰；他们共同关注国家和人民的福利。联盟由一位名叫黄克强的人建立，他的名字表明他是汉族人而非满族人。①他后来成为共和国的第二任总统。黄克强曾接受过历史和陆王学派的理学教育，后来与其父亲的弟子李去病一起留学于牛津大学，随后黄去了柏林大学，而李则转入巴黎大学。②

故事发生在山海关，这里是东北和华北的门户。黄和李途经圣彼得堡刚刚回到中国。因对深受长城外的哥萨克人的侵略而愤恨不平，黄和李就暴力革命的利弊进行了长时间的对话。这场讨论的基调由李的开场白决定："你看现在中国，还算得上中国人的中国吗？十八省的地方，哪一处不是别国的势力范围呢？"

对话的争端并不涉及国家主权这一两个人共同的目标，而是如何实现这一主权。李去病是两人中较年轻、冲动的一位，他认为，今天的掌权者要对当前的事态负责——他们是人民的残酷的剥削者，却一直是外国人谄媚的奴才。这些统治者必须下台，帝国主义的秩序必须被民主政府所取代，这是一个民族主义和民主的时代。对此，较为成熟和谨慎的黄克强回答道：满族已经被同化了，没有必要进行种族革命。此外，黄还对民主持怀疑态度：即使在所谓的民主社会，权力实际上仍然掌握在少数人的手里。此外，中国人民还没有做好自治的准备，像孩子一样，他们仍然需要父母的管教和教育。革命只能造成大

---

① 《梁启超年谱长编》，第 165—166 页。
② 《新中国未来记》，《饮冰室专集》，89：1—17。

范围的破坏,并最终导致专制统治的回归。黄的方法不同于李的草率计划。他相信教育、著述、新闻、演讲、商业和工业,相信对当权者的说服。中国首先要有一位"贤君",并由一群杰出的大臣辅佐。这些人将扩大政府的力量,甚至超越旧帝国政府的力量。他们将加速中国的现代化进程并提高国家的实力。在这样一个政府的领导下,地方议会将会发展起来,"在一二十年后",人民将会受到启蒙,国家将会足够强大,可以建立多数人统治的国家。对此,李辩论道:这些统治者如何可被信赖?是的,皇帝是一个开明和仁慈的人,但他没有权力。试图说服现有的官僚机构,就如同"与虎谋皮"!①

说到这,两人又各自倒了一杯加了点水的威士忌,短暂休息后,黄开始说:他反对革命,因为他害怕外国干涉。暴力革命会造成大范围的混乱。商业利益受到威胁,列强就会介入。届时中国将真正被瓜分。李再次反对:中国已经是仅仅拥有主权的表象,避免革命不会使中国保持完整。然而,如果能够唤醒人民的爱国主义和革命精神,我们就能使人民的精神振奋起来,那么中国将有足够的力量抵御外来侵略。黄指出,这一切都是不现实的,革命不仅会带来外部的干涉,而且还会带来内部的分裂——只要看看今天爱国者之间的纷争就知道了。中国人民实际上还没有为革命作好准备。如果他们已经为李所持的观点作好了准备的话,那么革命也就没有必要了。

李现在承认,中国人民确实还没有准备好迎接一个共和主义的革命。但是他指出,他们也并没有为黄所倡导的君主立宪

---

① 《新中国未来记》,《饮冰室专集》,89:17—32。

制作更好的准备。在任何情况下，即使革命是不可能的，他的主张至少有助于使激进主义力量与保守主义力量相等，并使宪政君主制的妥协成为可能。李本身没有资格成为像卡米洛·迪·加福尔（Camillo di Cavour）那样的政治家，但是他将接受约瑟夫·马志尼（Joseph Mazzini）那样的角色。最后由黄作结束语："今日我们总是设法联络一国的志士，操练一国的国民，等到做事之时，也只好临机应变做去，但非万不得已，总不轻易向那破坏一条路走罢了。""李君也点头道是。"①

从山海关出发，两个人继续向旅顺和大连旅行。在那里，他们的民族主义热情再次被激发起来，因为他们遇到了来自他们的家乡广东省的一位老店主，他告诉他们中国人在哥萨克人手中遭受的痛苦。当年轻人问他为什么不离开这里回到家乡时，老人回答说："你认为中国官府对待人民的方式更好吗？我担心有时甚至更糟，朝廷的情况就是这样，我们的十八个省迟早会被外国人瓜分。到那时候，别的地方不也是这样吗？"

晚上，黄和李遇到了一位来自浙江的年轻爱国者，他的名字叫陈猛。事实证明，他一直在通过学习俄语和了解租借给俄国的领土来为自己的未来作打算。三人讨论了俄罗斯对中国的帝国主义企图，但他们得出的结论是，与英国、美国、德国和日本相比较，专制统治下的俄罗斯构成的威胁更小，因为前者诸国的扩张是由人民的感情和力量推动的。

梁启超从未完成这部小说。最后，黄和李记下了一首爱国诗，这首诗是一个女孩写的，与他们自己早些时候写在旅店墙

---

① 《新中国未来记》，《饮冰室专集》，89：33—39。

上的一首诗押韵。①

这个支离破碎的故事更多地讲述了梁启超本人,而不是中国的未来。有许多愿望在故事里得以实现:宪政联盟中所有变革力量的结合,向共和国的和平过渡,以及中国在孔弘道教授的时代在国际社会中上升到崇高的地位。然而,更重要的是,它讲述了梁启超对革命和改良的不同忠诚,分别以李去病和黄克强为代表。

李和黄有些共同而基本的原则:他们对中国主权的民族主义关注是统一的;他们都渴望一个强大而民主的中国;他们都想当然地认为,积极的、民族主义的公民,将是一个强大而民主的中国的基本前提。

他们的分歧在于各自对自己将扮演的角色所持手段和概念的不同。两人中头脑比较热的李,会唤起人们的爱国和革命情绪——觉醒的中国人民将联合起来推翻当权者,建立民主政府,一切都会好起来。因此李是一个革命的宣传员和人民的革命家。与此相反,黄预见了过渡时代的必要性。在过渡时期,将会有一个强大的统治者,并由能干的大臣辅佐。黄希望自己如果不是首席部长的话,也能担任一个部长的角色。与此同时,黄希望分散的改良力量能够统一成一个政党,由他来掌舵。这样他就可以保证从君主立宪制向共和制的和平过渡,甚至成为共和制的总统。换句话说,黄将担任政党的领导者或者政治家的角色。

梁启超把李去病比作马志尼,把黄克强比作加福尔。在其他地方,他把马志尼描绘成一个最纯洁的人,代表一个最崇高

---

① 《新中国未来记》,《饮冰室专集》,89: 41—47。

的理想,以自己的作品唤醒了意大利人民,从而为一个统一的新意大利奠定了基础。①另一方面,他把加福尔比作诸葛亮:一个系统地为政治家的任务作准备的人。加福尔最终为意大利做了与俾斯麦为普鲁士所做的一样的事——"他解放了意大利人,给了他们自由,他为他们铺平道路,教育他们"②。梁启超鼓励他的读者以马志尼或加福尔为榜样。③

毫无疑问,这些截然不同的自我概念在梁启超内心深处一直处于交战状态。他是想成为马志尼—李去病呢,还是加福尔—诸葛亮?他是赞成革命还是赞成改良?他是要把他的精力投入革命著作中去唤醒人民,还是要为自己作为政治家的角色作准备呢?他是一个年轻的狂热革命者,还是一个会团结不同政治力量的精明的政党政治家?他可能同时具备这一切吗?

他的自我形象,直到1903年,主要是李去病,虽然他也试图扮演一个将团结不同力量进行变革的精明政党政治家的角色,去仿效他的小说中黄克强的风格。他把大部分精力用于宣传革命思想。几乎一到日本,他就创办了《清议报》。这份报刊每周出版三次,他既是主编又是主要撰稿人——几乎每一期都有他的一篇或多篇文章。④《清议报》发行到100期停刊,继之以1902年2月开始发行的《新民丛报》⑤。从1898年年末到1902年年末,梁出版的著作总共约八卷,平均每周超过6000字。⑥

---

① 《意大利建国三杰传》,《饮冰室专集》,11:49。
② 同上书,11:45—46,51。
③ 同上书,11:57。
④ 《清议报》(1898年12月23日到1901年12月21日,共100期)。
⑤ 《新民丛报》(1902年2月8日到1907年11月20日,共96期)。
⑥ 计算自《饮冰室文集》和《饮冰室专集》。

梁在这些著作中表达的革命思想和情感，可以追溯到1897年他加入湖南时务学堂的时候。在那个有着相似思想的年轻人群体中，他已经开始呼吁"民权"，并且试图鼓动反满的情绪，例如，通过散发《扬州十日记》——对清军1645年对扬州屠杀的记录。①一到日本，他就试图向读者灌输民族主义、自由和"新民"等革命性新思想。他不断对现政府提出严厉的批评，并呼吁"摧毁"现政府。他还试图以革命为目的塑造一个领袖。他在湖南时务学堂的同事中，还有另外两个人也曾进入康有为的"万木草堂"学习——韩文举、欧榘甲，此二人都倾向于革命。还有唐才常，他后来成为1900年梁发动武装起义的核心人物。梁、韩、欧、唐构成了康有为党众中激进分子的核心群体。②

在守旧派政变、梁启超出逃后，他们在日本重新集结。但在康有为到日本后，他们开始受到约束。由于清政府对日本施加的外交压力，③康有为被迫于1899年3月离开日本。几乎是在他刚离开之后，梁和他的追随者便聚集并公开挑战康有为。是年6月，梁与韩、欧以及另一位万木草堂的学生罗润楠，相聚于日本江之岛的金龟楼，同时聚会的还有其他八位：梁在《清议报》的同事李敬通和陈国镛；梁在《时务报》亲密的工作伙伴麦孟华的哥哥麦仲华；张学璟，据冯自由说，与秘密组织有密切关系；梁的堂兄梁启田；以及梁炳光、谭锡镛、黄

---

① 《梁启超年谱长编》，第42—43页。
② 《梁启超年谱长编》，第42，44页；伍庄：《中国民主宪政党党史》，第10页。参见冯自由《革命逸事》，2：32。
③ 日本外务省，《革命党关系》，《各国内政关系杂集》，1：440067。

为之，所有这些新成员都是从日本华侨中招募的。十二人拜为结义兄弟。①尽管此次聚会的确切目的不得而知，然而这一时间，梁和江之岛成员，同时包括抵达日本后加入的唐才常，联合署名给康有为写了一封信。经由冯自由的分析和解释，我们可以从这封信看出这个团体的某些主旨。他们敦劝康有为退休。②

梁的追随者的另一个重要组成部分是他以前在湖南时务学堂的学生。其中李群、周宏业、田邦璇、李炳寰、蔡锷、秦力山、蔡忠浩、林圭等十一人来到东京与梁再次相聚，被招收到梁启超在是年秋创办的东京大同学校。③

这所学校是梁试图与孙中山结盟的行动。梁试图与孙结盟之事此时已经广为人知。④应该说梁与孙相遇在1899年初春。此后，尤其是康有为被迫离开日本后——康拒绝与孙有任何合作——梁与孙保持了密切的联系。据说两人已经联合出版了两期名为《中国秘史》的刊物，并为了两党合并开始制定计划，合并后梁将担任"副会长"。据冯自由所言，韩文举、欧榘甲、张学璟、梁炳光是梁启超追随者中最积极谋求联合的人。⑤

---

① 《梁启超年谱长编》，第88页；冯自由：《革命逸史》，2：32—34。

② 冯自由：《革命逸史》，第32页。据冯自由说，他们被称为康门"十三太保"。信件签名包括除梁启田、麦仲华之外的江之岛所有成员，另外又加入了唐才常和万木草堂时期梁启超的同学罗普，以及另一位湖南时务学堂时的优秀学生林述唐。

③ 冯自由：《革命逸史》，1：72。

④ 史扶邻《孙中山与中国革命的起源》(*Sun Yat-sen and the Origins of the Chinese Revolution*) 第148—167，183—196页，详尽说明了梁与孙之间的早期接触。还可参见张朋园《梁启超与清季革命》，第119—139页。

⑤ 冯自由：《中华民国开国前革命史》，1：44。

梁启超集团想要突破康有为的掌控并实现与孙中山联合的计划,在1899年年底遭到了沉重的打击。康有为很明显仍然掌握着对其弟子和信徒的支配权,当他听到梁的活动报告后,他下令并迫使梁立即前往夏威夷办理保皇会的事务。①

梁与孙之间脆弱的联盟很快被打破,距离暴露出两人之间的根本差异。在梁看来,孙与康两者方案的差异——推翻王朝统治建立共和政体与"恢复"光绪帝制建立立宪政府之间的区别所在——是手段而非目标。它们之间的差别与梁的小说中李去病和黄克强的差别具有相似性。在意识形态上,梁坚持认为民主制度的基础——积极的和民族主义的公民——是最重要的。无论共和制或君主立宪制,政府的形式都是权宜之计,而不是原则问题。在李去病和黄克强共有的目标下,他们的合作毫无困难。梁自己很容易在两者之间摇摆不定。因此,他一方面呼吁孙在即将到来的起义中采用"勤王"的旗帜。自1900年以来,公众对慈禧企图废黜光绪的行为表示强烈抗议,②梁主张以"勤王"为口号则更显权宜色彩。③另一方面,他敦促康应充分利用各派系和团体的人才。④

他本人则试图利用两方面的支持。孙给了他一封介绍信,介绍他的哥哥孙眉——能够深入当地华人社区的关键性人物。梁很好地利用了这次与孙眉的接触,他甚至让孙眉担任保皇会

---

① 参见冯自由《革命逸史》,2:32;以及《梁启超年谱长编》,第89页。
② 1月24日,在废黜皇帝的阴谋被广泛的抗议挫败后,慈禧任命她的心腹载漪的长子溥儁为继承人。参见恒慕义《清代名人传略》第394,732页。
③ 《梁启超年谱长编》,第140—141页。
④ 同上书,第109,124页。

檀香山分会会长。①他还从当地华人社区筹集了8万到9万美元,用于他的"勤王"计划。②

在孙眼中,梁的行为无异于无耻的奸诈之徒。对孙来说,反清革命不仅仅是权宜之计,而是他的计划的核心;他倾向于把共和主义视为解决中国问题的灵丹妙药。他认为梁是利用他为一项完全对立的事业争取支持。因此,在梁看来,孙毫无疑问是不妥协的,同时,孙却认为梁是不可原谅地不诚实。

两人关系紧张还有其他原因。孙没有受过多少传统教育——他的大部分学校教育都是在夏威夷和香港接受的;与之相反,梁是一位颇有成就的古典学者,拥有举人的科举功名。此外,孙的大部分支持者来自海外华人社区中的穷人和秘密社团,而梁的呼吁主要是针对那些社区中比较富裕和有建树的人。近代日本警察观察员对两派为争夺横滨大同学校的控制权的斗争所作出的下列陈述,充分说明了这两人之间的差异。1899年1月的争端是关于该校校长和学校官员的选举。1月15日,"康派"成员开会并决定将选举限制在当地华人社区最杰出的200人左右之内。17日,"孙派"要求对所有人开放选举。定于17日晚上举行的会议遭到了"孙派""雇佣流氓"的武力破坏。随后,学校的重要成员召开会议,并决定委托华侨协会的董事会来遴选。选举结果是在300多名"上层"中国人的会议中宣布的,而选出的新的官员几乎都是"康派"。③如果梁和孙能够保持良好的个人关系,这样的分歧是可以及时解决的。然而,1900

---

① 史扶邻:《孙中山与中国革命的起源》,第185页。
②《梁启超年谱长编》,第130页。
③《各国内政关系杂集》,1:440043—440049。

年的分歧产生了裂痕,很快变成了无法弥补的鸿沟,并妨碍了两人在随后几年里的任何真正合作。

梁在自己身边组织的紧密群体也因他的缺席而遭受损失。早在 1900 年,梁就悲叹道,几位江之岛成员回国后很快就失去了信心。①梁的团队遭受的最后一击是"勤王"计划的失败。这些计划是雄心勃勃精心制定的——由康和梁以及保皇会提供资金;唐才常计划与张之洞合作,在长江流域集结一支约两万人的军队,先占领武昌,进而宣布南方独立。希望实现"光绪复位",迁都南方,建立宪政府。这个团体甚至在前一年早些时候在上海成立的"自立会"的基础上建立了框架性的议会。②梁自己特别重视广东—广西地区,并计划使用 500 名日本人和 500 菲律宾人组成的雇佣兵,③毫无疑问,这是希望与孙策划的惠州起义相配合。④他还试图争取日本政府的支持,甚至加入联军前往北京,解除义和团对使馆区的包围。⑤

梁把他所有微薄的资源和支持都投入这一密谋之中。"勤王"大部分的领导力量来自梁的江之岛的其余成员和一些时务

---

① 《梁启超年谱长编》,第 110 页。
② 对这一事件的分析见永井算己《唐才常与自立军起义》,《日本历史》,第 85 期(1955 年 6 月),第 16—21 页;以及第 88 期(1955 年 10 月),第 36—45 页。同时参见菊池贵晴《唐才常的自立军起义》,第 13—23 页。其他对这一历史事件的分析可参见史扶邻《孙中山与中国革命的起源》,第 218—224 页;以及张朋园《梁启超与清季革命》,第 139—157 页。其中探讨了梁启超在该事件中所扮演的角色。
③ 《梁启超年谱长编》,第 113—114 页。
④ 关于惠州起义,参见史扶邻《孙中山与中国革命的起源》,第 214—255 页。
⑤ 见梁启超致柏原文太郎的信,未注明日期(1900 年夏?),东亚同文会,《续对支回顾录》,2:658。

学堂的学生。至少有五位追随梁启超来到东京高等大同学校的时务学堂学生返回中国参加了计划中的起义,他们是田邦璇、李炳寰、秦力山、蔡忠浩和林圭。①江之岛成员都担任了起义的领导协调工作。在澳门,韩文举和欧榘甲在保皇会的总部服务;麦仲华、黄为之、罗普负责协调东京的行动;张学璟、梁炳光被分配到广东。梁启超本人负责在夏威夷筹集资金,并于运动的各个阶段与大家保持密切联系,就战略和人员反复提出建议。②然而整个策划还是遭遇了内部纷争和随之而来的混乱。在这样一个"叛逆"的门徒扮演如此突出的角色的情况下,康有为和他更紧密的追随者永远无法全心全意地配合。康显然能够保持对澳门总部的控制,这意味着梁和总部之间的通信实际上处于中断的状态。③与之不同的是,梁对东京分会的影响要大得多,他把自己能筹集到的钱都寄回了东京分会。④这种内部纠纷很容易造成混乱和不信任,双方很快就相互指责对方不忠诚。

运动本身结束于一场彻底的惨败。寄希望于国外雇佣兵支持广东—广西的计划从未实现。在汉口,由于资金始终未能到位,唐才常不得不反复推迟起义。8月22日,在起义计划举行

---

① 冯自由:《革命逸史》,1:72。参见伍庄《中国民主宪政党党史》,第35页。

② 《梁启超年谱长编》,第101页; 伍庄:《中国民主宪政党党史》,第32页;张朋园:《梁启超与清季革命》,第142页。

③ 例如,梁抱怨他反复致信王镜如及何穗田,但总是得不到任何回音。他们是保皇会的关键人物,梁启超试图督促王镜如回澳门负责起义事项(《梁启超年谱长编》,第102,109,122,128—129页)。

④ 同上书,第130页。

的前一天，张之洞逮捕了唐才常和他的同伴。唐被处决，一同被处决的还有三个时务学堂的学生：林圭、田邦璇、李炳寰。①

就梁而言，他把事情搞得非常糟糕。他筹集到大约8万到9万美元，但是只是设法把其中的4.4万美元寄回东京和澳门，且已太过迟缓。②尽管这种迟缓是可以理解的——由于汇款必须获得地方当局的许可，而夏威夷的清领事馆设法推迟了这一许可。③但损失的大部分资金则无法推卸责任——梁显然是被通过一个美国人筹集到"1000万美元"的疯狂梦想冲昏了头脑。他本希望自己到美洲大陆去，但是因为当时人们普遍的黑死病惶恐，旧金山当局迅速将种族与疾病联系起来，禁止任何中国人入境。梁把大约2万美元托付给了他的联系人，从此杳无音信。④

1900年灾难性的失败使得梁失去了他的全部支持基础。江之岛组织解散，湖南时务学堂的学生不能原谅由于梁在计划中的失误，导致了唐才常和其他成员的牺牲。例如，汉口起义的幸存者之一秦力山切断了与梁及康的所有关系。⑤梁由此也疏远了他原本希望联合的两党——康和保皇党中较为保守的成员永远不能原谅梁的"背叛"；孙和革命党坚信梁是口是心非、毫无信用之徒。梁几乎是在完全孤立中走出了灾难性的"勤王"运动。他在作为一个革命者和不同政治力量的统一者两方面都

---

① 伍庄：《中国民主宪政党党史》，第35—36页。
② 《梁启超年谱长编》，第130页。参见张朋园《梁启超与清季革命》，第147页。
③ 《梁启超年谱长编》，第112页。
④ 张朋园：《梁启超与清季革命》，第147—148页。
⑤ 冯自由：《革命逸史》，1：87—88；2：34。

搞得一团糟。

1900年后的两年里,梁继续倡导革命,并致力于传播新思想。他坚信,人民的状态是建立一个崭新的、现代化的中国的希望基石。他很快就重新达到了作为宣传家的事业顶峰,他的影响几乎扩展到新一代所有知识分子之中。但他并不满足于仅仅扮演这个角色。到了1903年,他强烈地感到自己所从事的工作不过是"空谈"。由于深感无法团结任何个人支持,以及希望能为中国做一些实在而有形的事情,①他的自我形象逐渐从马志尼—李去病转向加福尔—黄克强。因此,我们发现,到1902年他写《新中国未来记》时,他的同情心已经非常倾向于比较成熟和精于计算的黄克强。

决定性的变化终于在他1903年的美国之行中发生了,可以确定是在那一年春夏两季的几个月时间里。4月15日,他写信给他的一个亲密朋友,也是康的亲信之一徐勤,虽然他愿意接受康和其他人对他的批评,但他不能放弃革命理想。"今每见新闻,"他写道,"则勃勃欲动,弟深信中国之万不能不革命。今怀此志,转益深也。"②然而,8月19日,他写信给代他维持《新民丛报》的蒋观云,"然弟近数月来,惩新党梦乱腐败之状,乃益不敢复倡革义矣"③。

在这期间,梁比以往任何时候都强烈地感受到自己的孤独。1900年惨败期间浮现的保皇会中的纠纷倾轧,到1903年又再

---

① 例如,参见1903年梁启超致蒋观云的信,他写道:"今后誓将去空言界,以入实事界矣。"《梁启超年谱长编》,第175页。
② 同上书,第181页。
③ 同上书,第186—187页。

次折磨着他。在香港和澳门的保皇会对梁的行为尤其不满。这个问题在 1903 年的头几个月达到了顶点，在康有为的支持下，派内成立了新的商会。在没有事先与梁协商的情况下，他们要求他将他早先建立的《新民丛报》和译书局两家企业的资金合并到新成立的商会。梁的反应是，一方面为新公司争取一位令他满意的经理；另一方面则吁求扩大自己译书局的股票发行。保皇会总部的人将梁的后一要求解释为梁试图以低于新成立的商会的股票价格进行收购。分歧很快导致恶意诽谤，梁发现自己成了康反复责骂以及港澳派系人身攻击的目标。①他最终被迫向港总会道歉。整个事件无疑使他与会众之间留下了永远无法完全弥补的裂痕。

他在美国的经历没有给他带来任何安慰。他此行的主要任务是筹集资金，并为保皇会建立新的分支机构，但是很快他对海外华人社区缺乏认真的承诺而感到失望，他对自己在近一年的狂热活动中所取得的成果也感到失望。②

因此，他怀着相当大的精神痛苦，越来越感到自己的努力是徒劳的，才得出上一章所述的关于他的自由计划的悲观主义结论。他深信中国尚不具备民主所必需的领导和人民，又深信自由民主与对国家主权压倒一切的紧迫及关切并没有多少关系。他越来越强调一个强大的国家。他的自我意识也迅速地从李去病转变为黄克强。

1903 年，他的著作量大幅下降。从 1898 年到 1902 年，他

---

① 《梁启超年谱长编》，第 176—181 页。
② 参见第四章。

的平均写作量几乎是每年两卷；从 1903 年到 1912 年，他平均每年只写了不到一卷著作。① 他的《新民丛报》受到了影响：1903 年 7 月前，丛报每两周按时出版一次，此后只是不定期地出版，每次都暂停几个月。1907 年之后，《新民丛报》终于停刊，在此期间，梁只出版了 3 期。② 1912 年以后，他的著作量进一步下降，直到 1917 年以后，他退出政治舞台，专心于学术研究，才恢复了创作力。

他的思想著作的风格也突然改变了。在从美国回来后写的《新民说》最后几部分中，他反复告诫人民不要激进，不要"破坏"。他把伯伦知理的国家理论作为一个有机的实体来支持他的论点，支持渐进式改良，反对革命，他与革命派《民报》就暴力种族革命的利弊进行了激烈的辩论。他自己的立场可以用"开明专制"来概括。一个"开明君主"，在有能力的部长们的协助下，将加速中国效法腓特烈二世或拿破仑一世模式，沿着现代化和国家权力道路前进。③

将自我作为一个政治家的想法支配了他的大部分思想和活动。他的著作开始侧重于具体的问题，特别是在财政和经济，以及政府和宪法领域。他特别关注中国的货币问题以及外国贷款的问题，如《中国货币问题》④《币制条议》⑤《外债平议》⑥

---

① 比较于《饮冰室专集》和《饮冰室文集》。
②《新民丛报》。
③ 参见第四章。
④《中国货币问题》，《饮冰室文集》，16：98—123。
⑤《币制条议》，《饮冰室文集》，22：1—28。
⑥《外债平议》，《饮冰室文集》，22：41—93。

《宪政浅说》①和《中国国会制度私议》②等是他对政府和宪政领域的贡献。事实上，梁是在为自己将可能为中国政府首脑所召唤而作准备。

这种自我概念的转变也在他的其他作品中表现出来。在1902年以前，他曾向读者展示了许多像马志尼、罗兰夫人③以及"匈加利爱国者噶苏士"④这样的人物，后来他写的是关于管仲⑤和王安石⑥这样的人物。正如1909年他在给其仲弟的信中所吐露的那样："兄年来于政治问题研究愈多，益信中国前途非我归而执政，莫能振救。"⑦

1905年年末至1906年年初，约8000名中国留学生在日本罢课。他对此采取的立场反映了他对自己的看法以及新的意识形态立场的转变。当时中国留学生抗议日本文部省颁布的一项法令。⑧该法令于（1905年）11月2日发布，题为《关于令清国人入学公立私立学校规程》，表面上是一项纯粹的教育措施，实则旨在遏制因大量中国学生在日本留学而出现的各种弊端和问题。

正如学生们猜测的那样，新规定实际上是为了促使中国和日本政府更严格地控制在日留学生的遴选和行为。该条例包括

---

① 《宪政浅说》，《饮冰室文集》，23：29—46。
② 《中国国会制度私议》，《饮冰室文集》，24：1—139。
③ 《罗兰夫人传》，《饮冰室专集》，11：1—61。
④ 《匈加利爱国者噶苏士传》，《饮冰室专集》，10：1—27。
⑤ 《管仲传》，《饮冰室专集》，28：1—81。
⑥ 《王荆公》，《饮冰室专集》，27：1—217。
⑦ 《梁启超年谱长编》，第303页。
⑧ 以下有关罢工的数据来自永井算己《所谓清国留学生取缔规则事件的性格》，第11—34页；以及实藤惠秀《中国人日本留学史》，第461—494页。

以下规定：一、日本的私立和公立学校必须要求驻日公使提供介绍信，作为中国留学生申请入学的条件之一；二、当中国学生申请转校或退学时，这些学校必须获得驻日公使的批准函；三、这些学校要求中国学生住在由学校管理的宿舍或寄宿公寓里，并监督他们的校外活动；四、这些学校不允许接收被其他学校开除的有"恶劣品格和行为"的学生。①事实上，清政府对留日中国学生的革命情绪的蔓延感到非常震惊，因此寻求日本政府合作以限制持不同政见的学生流入日本，并更密切地控制学生活动。而就日本政府方面而言，颁布这一法令是与清政府搞好关系的表示。

中国学生在该法令中看到一个双重敌人——人们希望推翻的专制、腐败的清政府以及与之勾结的帝国主义的日本政府。革命的力量和民族主义情绪融合进了对该法令的抗议。12月5日，约300名学生领袖开会并通过了一项决议，呼吁罢课，要求废除这些规定。学生组织了几组代表以维持秩序并实施罢课，很快几乎所有的中国学生都参加了罢课。

学生的民族主义情绪因日本媒体的敌意和公然反华言论而进一步激化。12月9日，陈天华——新成立的同盟会的组织者和革命阵营的主要作家之一，跳海自杀以抗议12月7日《朝日新闻》辱华"放纵卑劣"。陈的自杀促使"几千"中国学生在第二天的一次会议上决定采取对他们而言最激烈的行动——收拾行李返回中国。大约2000名学生因抗议而回国。整个罢课一直持续到1月中旬。

---

① 规定全文被收录于永井算己的文章里，参见第12—13页。

梁启超不再与年轻人的感情相契合。12月26日,《新民丛报》刊登了他的一篇关于罢课问题的长篇文章①。这篇文章的基调是说教的、墨守成规的以及自我辩护的。梁认为,许多学生误读或者误解了这些规定,实际上这些规定更多地针对招收中国学生的学校,而不是学生本身。这些规定利大于弊——它们对日本学校弊端的限制要比对中国学生自由的限制更强,要求撤销这些规定是毫无意义的,因为这在法律上是不可能的。梁承认,这些规定的初衷可能确实是针对中国学生的,也可能是与中国有关部门共同制定的,但他坚称,这些规定的实际效果只会给学生带来些许不便。梁呼吁大家要冷静、理性,甚至晓之以王阳明心学。他有意识地为自己辩护——他承认自己支持一种最不受欢迎的立场,在反对罢课的争论中,他做了"以一身为数千学生之矢的"的事情。②这与他曾经激励了整整一代中国青年思想家的那些著作大相径庭。具有讽刺意味的是,梁很快就发现自己站在了那些深受他影响的人的对立面。

学生罢课标志着改良派和革命派之间争夺中国学生的一个转折点。孙的兴中会未能得到知识分子的支持;然而,创立于1905年8月20日的同盟会成功地吸引了当时几位杰出的知识分子,包括章炳麟、吴稚晖,以及更年轻一些的宋教仁、陈天华、胡汉民和汪精卫等。随着罢课的结束,革命派也势如破竹。梁启超向康有为的重新回归,使其失去了主动权。

现在,他完全被认为是在现存体制内进行有效改良的代表。

---

① 《记东京学界公愤事并述余之意见》,《新民丛报》第71期(1905年12月26日)。该文没有收入《饮冰室文集》和《饮冰室专集》。

② 同上。

在 1905 年，他与朝廷中具有改良思想的政治要人保持着频繁的联系，尤其是端方——朝廷改良的主要倡导者之一。端方呼吁宪制政府，大赦康梁。据说梁为端方起草了总计超过 20 万字的宪政考察报告。①

然而梁对这些转向并不乐观。在《开明专制论》一书中，他预计中国实行宪政之前，"最速犹非十年乃至十五年"的准备或过渡期。②但是，日本在日俄战争中出人意料的胜利改变了京城的政治氛围，并使清政府作出了在政治现代化方面效仿日本的出人意料的决定。1906 年 9 月 1 日，慈禧太后颁布诏书，宣布预备立宪。

这一举动改变了梁的写作重点和基调，因为他扮演了黄克强的另一个角色——政党政治家。与前两年他的著作中温和及悲观的基调相反，他现在呼吁立即建立立宪政府，从他的"拥护现有社会权利结构者"的腔调再次转向"人民"：他指控清政府对中国面临的问题负有全部责任，"彼不良之政治恒杀千万人以上"，"人民"不能再忍受这样的情况了；他们必须站起来并通过代表机构来监督政府。③梁劝导志趣相投的人与他一起建立组织，表达反对专制的民意，对人民进行政治教育，并消除人民还没有准备好接受立宪政府的观念。④他自己恰恰正在计划建立这样一个组织。

这个组织必须是完全受人尊重的。梁寻求袁世凯和张之洞

---

① 《梁启超年谱长编》，第 205 页。
② 《开明专制论》，《饮冰室文集》，17：82。
③ 《政治与人民》，《饮冰室文集》，20：7—19。
④ 《政闻社宣言书》，《饮冰室文集》，20：22—24，28。

等实权官员的支持,①以及善耆、端方等满族皇室的认可。②他还争取了当地主要绅士的支持,包括张謇和郑孝胥等。③他自己则在幕后主持——由于他和康现在仍然在清廷通缉的名单上,他们都不会与该组织有任何正式的联系。

他从一开始就遇到了困难。他指望得到在日华人群体中最有影响力的人物之一杨度的支持。但是不久,杨度和徐佛苏之间的关系发生了变化。徐佛苏1905年到日本留学,很快就和梁建立了密切的个人关系,在杨度和蒋观云之间,他是这个组织策划阶段的第四个关键人物。围绕着具体的政党结构以及人员构成,他们产生了很多争论。最后,杨度脱离了这个组织,自组宪政公会。④

梁的组织最终于1907年11月17日在东京成立,它有一个恰如其分的无害的名字——政闻社。会员有1500多名,主要是温和派的在日华人。⑤当梁把会党总部迁到上海时,他把以学术而非政治著称的老学者马良(马相伯)推为总务员。政闻社社长一席暂虚——梁向康保证,在康的资金支持下,他会全力以赴于这项冒险事业。⑥

这个组织公开宣布的目的是通过和平而有序的手段确保宪政的过渡。更具体地说,政闻社章程主张:(1)实行国会

---

① 《梁启超年谱长编》,第217,241页。
② 同上书,第245—251页。
③ 同上书,第217页。
④ 同上书,第214—216,236—238,240页。
⑤ 同上书,第250—251页。
⑥ 同上书,第216,251—253页。

制度，建立责任政府；（2）厘定法律，巩固司法权之独立；（3）确立地方自治，正中央、地方之权限；（4）慎重外交，保持对等权利。①

梁的另一个愿望是让政闻社成为一个广泛的以调和为意见基础的集合点，以应对革命者日益增长的影响力。梁敏锐地意识到在日留学生中革命情绪的传播。他知道，尽管同盟会在组织上存在弱点，但比他的会党更有吸引力。例如，他向康有为指出，对他们来说，"今者我党与政府死战，尤是第二义；与革党死战乃是第一要义"②。显然，梁所持此论乃是立于维护康有为的立场，但他自己毫无疑问也有一些同感，并继续把大部分精力用在与革命党党报《民报》的激烈辩论上。

梁试图同时在中国发展其他政党基础。他计划在汉口创立一份期刊并建立一所学校——期刊将为他的事业争取更多的支持者，而学校则为党派的未来培养人才。③其他的计划涉及相对复杂的清廷政治——他最初寻求袁世凯的支持与合作，当袁世凯的敌意越来越明显时，梁与康密谋倒袁。他们希望在奕劻、善耆、铁良、载泽和端方这些满族贵族的帮助下，向慈禧弹劾袁世凯。④

政闻社公开活动的焦点是通过向朝廷施压请愿以速开国会。1905 年以后，各省涌现了许多立宪会，梁试图把这些地方组织协调起来，组成一个全国性的宪政运动。据负责人张嘉森（君

---

① 《政闻社宣言书》，《饮冰室文集》，20：19—29。
② 《梁启超年谱长编》，第 218 页。
③ 同上书，第 258—259，262—263 页。
④ 同上书，第 267 页。

励）称，到 1908 年 3 月底，政闻社的国内运动请愿签名至少有 3000 个，张"甚望多得一二万人"①。请愿书于 7 月提出，请愿名单由江苏预备立宪公会的郑孝胥、张謇、汤寿潜等领头签署。湖南立宪会与广东自治会也参与了请愿运动。②梁所在的政闻社以该社全体之名义致电宪政编查馆，敦促限期三年召集国会。③

同时，与此运动呼应的是康有为主持的国民宪政会④发动海外亚、美、非、欧、澳二百海外分埠华侨公上请愿书。这份请愿书提出了更深远的要求：（1）立开国会以实行立宪；（2）尽裁阉宦；（3）尽除满汉之名籍而定名曰中华；（4）营新都于江南以宅中图。⑤

以上所请都是过于激进而为清廷所忌之事。1908 年 8 月 14 日，清政府谕令查禁政闻社，严拿查办社员。

梁再次失败。他选择站在现政府一边反对革命。在这个过程中，他发现自己陷入了双方的交叉火力之中：对同盟会和有革命思想的学生来说，梁成为既往以来革命的最大敌人；对清廷，他代表了一种不可能接受的激进威胁。

政闻社一旦被取缔就宣告分崩离析。毕竟，它的根本原理在于其合法性。它所冒险押注的那些人的非法性使其存在不了

---

① 《梁启超年谱长编》，第 273—274 页。
② 张朋园：《梁启超与清季革命》，第 187 页；李剑农：《中国近百年政治史》，第 265 页。
③ 《梁启超年谱长编》，第 274 页。
④ 1906 年 9 月 1 日，清廷颁布预备立宪诏后，保皇会改名为国民宪政会。伍庄：《中国民主宪政党党史》，第 47—48 页。
⑤ 《梁启超年谱长编》，第 287 页。

多久。梁的其他计划也没有更成功。在汉口建立地方基地的计划从未实现。试图利用清廷权贵推进宪政事业的努力却适得其反——袁世凯极力主张查禁政闻社。

然而与此同时,国内的立宪运动正迅速形成势头。1909年10月,各省咨议局纷纷成立,一个月后,作为江苏咨议局议长的张謇,要求召开咨议局的全国代表大会,以加速立宪政府的建立。梁立即指示徐佛苏加入并协助推动全国性的请愿运动。① 不久16省代表在上海召开代表大会,派出33名代表前往北京,托都察院代奏速开国会的请愿书。很快请愿被奉谕旨拒绝。被拒后,立宪主义者各代表组织"国会请愿代表团",推举孙洪伊等10人为成员,继续组织第二次请愿。请愿书于1910年6月提出,得到了包括教育组织、各省政团商会以及海外侨商等其他各种组织的支持,但很快再次被奉旨不准。孙洪伊和其他人立即协调第三次请愿运动,这次在多个省督抚的支持下规模更大。清廷最终妥协,于10月下诏准将立宪筹备期限缩短至宣统五年,即将1908年颁布的预备立宪时限从9年改为6年。②

梁、徐与全国其他咨议力量联合起来,试图再次形成一个全国性组织,这个计划制定了雄心勃勃的目标:这一新组织将把国内不同的立宪团体联合起来,从而为未来全面成熟的现代政党打下基础。成立于1911年6月4日的宪友会是立宪派最具雄心的努力:几乎所有的省份都设立了咨议局,而宪友会的成员几乎包括所有省咨议局正副议长。

---

① 《梁启超年谱长编》,第307,313—315页。
② 1910年请愿运动的翔实论述,请参阅张朋园《梁启超与清季革命》,第63—77页。同时可参考李剑农《中国近百年政治史》,第282—283页。

第五章　改良还是革命

但是宪友会并不能在革命中幸存。它是在梁氏集团、孙洪伊集团以及张謇支持者不稳定联盟的基础上形成的，从一开始就受到派系分裂的困扰。①这三个团体只有在共同致力于寻求从王朝统治向君主立宪制的和平过渡时才可能联合。当清廷不合作、革命起义不能再阻止时，这个社团也随之分崩离析，一些人对革命深为反感，另一些人则在不同程度上对革命表示同情。其结果是，梁和立宪派无法使一个统一的组织来继续推进共和政治的进程。

在不同的战线上，梁也继续着与清廷的角力。即使在政闻社被禁后，梁仍然坚持要瓦解袁世凯的权力和影响。机会随着1908年11月14日光绪帝驾崩以及次日慈禧去世而来。载沣，新的年幼皇帝溥仪之父，光绪之弟，成为摄政王。梁和康密谋利用他们与善耆建立的关系影响载泽，他们认为载泽是载沣的心腹。②袁世凯确实于12月被罢免了，但康梁的努力是否有实质性作用值得怀疑，因为满族亲贵对袁世凯的猜忌可以追溯到很久以前。

武昌起义爆发后，梁再次陷入了狂热的政治斗争。③他的计划围绕着载涛展开，此人是光绪的另一个弟弟，在1908年新成立的禁卫军任禁卫军大臣。除载涛外，梁还与驻扎保定的

---

① 对宪友会的详尽论述，请参阅张朋园《梁启超与清季革命》，第115—127页。同时参考《梁启超年谱长编》，第314—315，336页。

② 《梁启超年谱长编》，第289—294页。

③ 杨（Ernest Young）在其《作为共谋的改良者：梁启超与辛亥革命》("The Reformer as Conspirator: Liang Ch'i-ch'ao and the 1911 Revolution"）中，对梁在清王朝最后几个月的谋略和计划有翔实的叙述，参见费维恺编《中国近代史研究》，第239—267页。后文描述如不作特殊说明，均引自杨的这篇文章。

新军第六镇统制吴禄贞有密切联系。早在 1900 年吴禄贞追随唐才常时，梁即已结识他。1900 年，吴随唐从日本回到中国，参加了筹划中的自立军起义，失败后逃回日本，①后入日本士官学校，并于 1902 年毕业。通过吴，梁试图争取驻扎在北京的另外两名年轻军官的支持，他们是陆军第二十镇统制张绍曾和第二混成协协统蓝天蔚。张和蓝是吴在士官学校的同学挚友。

梁的计划从他 10 月 29 日致徐勤的一封信中可以大致了解。②他希望载涛在京发动政变，罢黜 4 月新建的以奕劻为内阁总理大臣、载泽为度支部尚书的统治集团。梁希望以载涛为总理并立即召集议会。皇帝与所有满族人都应该采用汉名。如此，变革与国家统一将渐成气候，国家秩序也将进入正常轨道。支持策划的军事力量主要来自吴以及张和蓝的配合。

在写这封信的当天，张和蓝发动了"滦州起义"。他们违抗南下镇压武昌起义的命令，向朝廷提出了 12 项要求，包括在一年内召开议会，并建立责任内阁制度。山西恰在同一天宣布独立。朝廷感到同时受到东部和西部两面的威胁。载沣和奕劻被迫同意了这些要求。11 月 1 日，"皇家内阁"解散，袁世凯被任命为内阁总理大臣。11 月 3 日，清廷批准了由资政院起草的宪法条议。③

梁受此鼓舞，决定于 11 月 6 日前往大连，希望在新政府中发挥核心作用。他认为如果能得到吴、张的蓝的支持，他就

---

① 冯自由：《革命逸史》，1：73。
② 《梁启超年谱长编》，第 339—342 页。这是杨（Young）论述的主要依据。
③ 李剑农：《中国近百年政治史》，第 310—312 页；可参考鲍威尔（Powell）《中国军事力量的崛起》（*The Rise of Chinese Military Power*），第 311—312 页。

能在与袁的谈判中处于有利的地位。然而当他于 11 月 9 日抵达时,情况发生了变化。吴于 11 月 6 日遇刺身亡,梁只能把希望寄托在张和蓝身上。但袁迅速采取行动以巩固他的权力,张被提拔担任一个闲职,而蓝不得不逃亡上海。不久,袁世凯成功地迫使载涛辞去禁卫军大臣之职。①

梁别无选择,只得返回日本,等待一个更有利的时机。1912 年年末,他再次返回中国时,发现袁已经完全控制了局面,而他自己则不得不在一个没有实权的议会中斡旋。梁在 1912 年的地位确实与他在《新中国未来记》中所表达的希望相去甚远。无论是他的政治组织还是同盟会都没有真正的力量来引导中国的命运走向。1912 年,这一力量掌控在袁世凯手中。但袁并不是梁的"开明君主",梁也完全不是袁的诸葛亮。即使是在无能的国会中,梁也会被革命者远远盖过。

具有讽刺意味的是,李去病与黄克强的讨论本应该被证明是真正的预言。正如黄指出的,中国尚未为共和革命作好准备。另一方面,正如李所说,黄希望当权者能够被说服实行立宪政府的想法并不现实。黄和李都认为有必要唤醒公民。1912 年,公民身份仍然是海市蜃楼。中国根本容不下一位李去病或者黄克强。

---

① 李剑农:《中国近百年政治史》,第 315 页。

第六章

国家政治*

---

* 共和初期的国家政治主题仍待详细的专题研究。我把梁启超在这一时期的活动和思想置于下面所呈现的框架内，只能以一种非常初步的方式来审视这一时期的复杂发展过程。我试图通过强调当时权力结构的现实，来摆脱中国学界对这个问题的偏见。

  辛亥革命是新政党和各省及地方武装力量共同努力的结果。同盟会在武昌点燃了星星之火,继而点燃了这个国家分裂的力量。第一个革命据点武汉由同盟会与当地新军协统黎元洪联盟而建立。随后,在同盟会革命党人的引导、说服、强迫下,长江流域军队加入革命,南京成为革命的第二个据点。在一个月内,除直隶、河南、山东和东北地区外的所有省份均宣告独立,各省立宪分子与革命派或当地军事首领联合起来反对朝廷。最终决定清廷命运的是袁世凯和他的北洋军队的背弃。

  当各种力量开始着手建立一个国民政府时,很明显,袁在国内的权势基础最强大。北洋军队无疑是全国最强大的军事力量。而且,一旦决定由袁来领导新的国民政府,北京则必然虚位以待,袁由此更如虎添翼。他的权力足以施于政府内的异见人士。另外,他还持有合法性,任何反对他的人都可以被公开指控为反对政府。在外国人眼中,他也同样具有合法性,这意味着他可以获得国外贷款,并拥有比任何潜在的权力挑战者都强大得多的金融地位。但是,袁世凯必须小心谨慎地维持北洋军队对他的效忠,从 1912 年 2 月 29 日在北京发生的第三师兵变①和 1916 年的事件中可以看出,北洋军队绝不是无条件地忠诚于他的。当然,威胁更大的是这个国家的其他权力基础。

---

  ① 对此事件的传统解释是,袁策划兵变是让南方领导人相信他不能离开北京。例如,李剑农:《中国近百年政治史》,第 351—352 页。然而吴相湘令人信服地表明,这样的解释将意味着袁是危险的,且没有必要玩火(《宋教仁传》,第 124—126 页)。

同盟会的影响力主要集中在长江下游,特别是江西、安徽、湖南、江苏,以及由胡汉民任军政府大都督的广东。同盟会在南方和西南几乎所有省份都有一定的势力,但在其影响下,各个省份和地区都有复杂的派系分裂,而且从一开始就受到内部斗争的困扰。事实上,同盟会是一个松散的、由许多不同利益集团组成的团体,而非一个集中的组织。

　　第三大权力中心围绕着黎元洪和武汉而集结。虽然黎元洪的权力无法与袁世凯或同盟会相比,但他有一个优势,即他是"中间道路者"。任何一方都可以与之结盟。因此,他可以在北洋与同盟会势力之间密切关系的平衡上发挥关键作用。①

　　在民国初期,其他三个省的势力基础也出现在国家政治的舞台上。山西的阎锡山、广西的沈秉堃以及东三省,它们与任何一个主要的权力中心都没有紧密的联系。如果这些"未结盟"的省份联合起来支持其中一个,他们将决定性地扭转局面。

　　作为一个群体,立宪主义者在起义中比其他任何群体都要脆弱。如果说同盟会缺乏中央集中的组织,那么立宪主义者根本就没有一个统一的政党可言。康、梁的立宪党败得很惨,他们在1911年试图建立势力基础所作的最后努力最终宣告失败,就像他们之前的许多尝试一样。这两个人自身也被不可调和的分歧所分裂,徘徊在公开决裂的边缘。他们不过就是各自有少数的追随者,以及他们个人的思想及声誉所能利用的一些权力

---

① 我很感激爱德华·弗里德曼（Edward Friedman）向我指出黎元洪和他的武汉权力基础在当时权力格局中占据的关键性位置。该观点可参见吴相湘《宋教仁传》,第 205 页。传统地理解黎为无伤大雅的傀儡的观点,参见李剑农《中国近百年政治史》,第 304—305 页。

和影响而已。各省立宪主义者如湖北汤化龙、直隶孙洪伊确实在革命起义中扮演了重要的角色,①在各自所在的省咨议局都拥有相当的影响,但与掌控强大军事力量的人相比,则在国家权力格局中又显得相对无关紧要。其他一些人,如革命期间在四川短暂成为焦点人物的蒲殿俊,很快就在随后的权力斗争中被排挤到一边了。也许最强大的两名立宪派,一是张謇,他在经济和个人方面都有很大的影响力,②二是后来成为湖南都督的谭延闿。但无论是张謇还是谭延闿都无法指挥足够大的立宪力量来支撑这个国家,甚至连一个国家组织的外表都无法形成。作为一个群体,立宪派缺乏团结一致的精神来挑战袁世凯或者同盟会。

革命的意识形态也是国家权力格局中的重要部分。假如革命仅仅是王朝叛乱,那么中国会立刻分裂为都督割据,不需要考虑意识形态的作用,但它是以民族主义和民主的名义进行的运动。在革命刚结束时,各方面都同意有必要建立一个全国性的立宪政府,以及呼吁准许其他无权的人——如梁启超和宋教仁——进入政府担任要职。作为革命的理论家,他们具有相当大的合法性力量。1912年的"共和授权"是理论家们协商的结果,一个军事人物想要取得合法性,必须至少得到新知识精英中相当一部分人的支持。此外,理论家们可以声称拥有特权和专业的现代知识,而如若没有这些知识,20世纪的中国政府将

---

① 汤化龙和孙洪伊在革命起义中的作用,参见张朋园《梁启超与清季革命》,第68—77,143—150,197—200页。

② 张謇的金融影响力显然对南京临时政府的生存具有决定性作用,参见张朋园《梁启超与清季革命》,第214—236页。

无法长久生存。但他们的影响力仅仅依赖于他们对国家和立宪政府持续的呼吁之上。

1912 年和 1913 年的立宪政府所依据的理论是，在某种程度上，宪法合法性将成为派系争端的最终仲裁者。国家中不同的政治利益将被带入同一张谈判桌上，以消除它们之间的分歧，发展一种可行的权力平衡，并根据宪法规定作出国家决策。各方都在新的立法机构中争夺代表权和影响力，立法机构的组成实际上与现有的权力结构密切相关。由于缺乏具有广泛支持基础的政治党派，立法机构的代表只是由各省的既定权力机构选出。南京临时参议院主要由宣布独立的各省都督派出代表组成。① 1912 年 4 月 12 日，国民政府的地点从南京迁至北京后，扩大后的北京临时参议院的成员首次召开会议，同样是由军政府和各省议会决定。② 1913 年 4 月 8 日召开的国会，上议院的成员再次由省议会决定。而下议院，从理论上讲，应该由普选直接选举产生，但毫无疑问，在每个省内，现有权力具有决定性的影响。③

---

① 李守孔：《光绪戊戌前后革命保皇两派之关系》，第 19 页。李提供了参议院议员的名单，见第 147—148 页。没有宣布独立的省份由 1909 年 10 月成立的咨议局派代表参加。

② 南京临时政府议会于 3 月决定其成员应由革命后成立的临时省级议会选举产生。没有设立议会的各省由各都督派遣代表参加（李守孔：《光绪戊戌前后革命保皇两派之关系》，第 23 页）。在某些情况下，北京临时参议院的成员与南京临时参议院的成员有很大的不同。在湖南、湖北、山东和云南，会员数量仅仅是增加了，但是在广东、贵州、浙江、江西、江苏则发生了根本性的变化。比较前引书第 149—151 页和第 147—148 页所列名单。只有通过对每个省的事态发展进行详细调查，才能了解这些变化产生的全部影响。

③ 每省议会选举 10 名代表加入上议院。下议院成员席位是按照每 80 万人 1 名代表的比例分配的（同上书，第 81—82 页）。当然，选举细节还有待研究。

正如人们所预料的那样,同盟会在国会中获得了最多的席位。然而,1912年,它确实遭受到了派系分裂的打击,许多会员加入了章炳麟的中华民国联合会(后改称统一党)、黎元洪的民社、蔡锷的统一共和党,或者是革命后涌现的少数几个小政党。但它仍然设法在120个席位的北京临时参议院中获得了40多个席位。1912年8月,同盟会的影响力达到了新的高度,因为它吸收了统一共和党的大部分成员以及其他几个小党(国民共进会、国民公党、共和实进会)。这个新的国民党集团,在宋教仁的精干领导下,其参议院成员包括江西李烈钧、湖南谭延闿、广西沈秉堃、安徽柏文蔚、广东胡汉民、山西阎锡山,以及1916年成为云南最大军阀的唐继尧。国民党在1912年年底和1913年年初的选举中以压倒性优势赢得了269个众议院席位,在上议院的274个席位中获得了123个。①

在北京临时参议院中,同盟会主要的竞争对手是共和党。共和党是在几个党联盟的基础上形成的,主要包括黎元洪的以湖北为中心的民社,以及几个立宪派,尤其是张謇和他的统一党。共和党在国会选举中获得了第二多的席位,在下议院获得了120个席位,在上议院取得了69个席位。②

换句话说,1912年的国民政府是建立在现存几个权力中心之间不稳定的关系之上的。袁世凯担任大总统,而国民党掌握了国会的多数席位。总统府和国会之间的结构性问题和摩擦不只是意识形态上的较量,它们直接反映了这个国家两个主要权

---

① 杨幼炯:《中国政党史》,第57—61页。
② 同上书,第56,61页。

力中心的斗争。副总统黎元洪和与他结盟的立宪派在这一微妙的关系中处于中间位置,他们的权重可以使之作为一股关键的力量。

正是在这种背景下,梁不得不制定他的行动战略。首先,他决心在新的国民政府中发挥重要作用。毕竟近二十年来,他一直在试图影响国家大事的进程,并为自己可能实现某些想法的那一天作了系统的准备。此外,可以理解的是,他坚信自己的方案是正确的,他和其他人一样有资格指导他的国家的发展道路。正如他在1909年向他的兄弟透露的那样,他"益信中国前途非我归而执政,莫能振救"①。

但是他并没有什么重要的权力基础。云南军政府都督蔡锷是全国唯一与他关系密切的军事人物。蔡锷曾是他在湖南时务学堂的学生。这层联系在1916年被证明是很重要的,当时云南带头反对袁的复辟,而在1912年,云南还只是一个偏远的省份,在国家政治中几乎没有影响。梁在新政治中的影响也同样有限。1911年,他曾经试图为国内各种立宪团体组织一个伞状组织,即宪友会,但这个组织无法在革命中存活下来。许多成员加入了黎元洪的共和党或其他政党。只有两个群体指望梁的领导,一是由湖北立宪派汤化龙和孙洪伊领导的共和建设讨论会②,二是由梁的另一亲密追随者籍忠寅组织的国民协进会③。这两个政党在北京临时国会中都没有多少影响力。在

---

① 《梁启超年谱长编》,第303页。
② 关于梁与共和建设讨论会的关系,参见同上书,第379,396—401页。
③ 同上书,第398—401页。

这种情况下，梁只能希望通过联合袁、黎或同盟会三者中的一个，来影响国家大事。

他的第一个决定是与袁合作。他最亲近的两个追随者徐佛苏和张嘉森都敦促他这样做。他们认为，袁显然是这个国家最强大的力量，也必然是国民政府的核心。①当孙中山本人解职、南京临时政府参议院一致选举袁为临时大总统时，袁在国民政府中所扮演的角色已经毋庸置疑。像孙中山、黄兴、宋教仁一样，梁很早就认识到，袁是唯一一个能够使国家表面上团结一致的人。

然而问题不在于是否接受袁，而在于如何与他合作。孙中山和黄兴选择不参加国民政府。宋教仁的计划是建立"内阁制"，将行政权授予由总理领导、对议会负责的内阁。届时，袁作为总统就只能行使非常有限的权力。②宋教仁以他的政党在中国中部和南方的权力为后盾,通过立法手段来实现他的目标。梁却未怀有这样的幻想。与同盟会不同，梁的党是无能为力的。他不愿意考虑与同盟会合作。他的追随者中甚至没有一个人提出这种可能性；他们理所当然地认为，梁与同盟会领导人之间的个人及其意识形态差异，以及他们之间的长期不和，会阻碍他们之间的合作。③而且，与黎元洪和袁世凯的双重联盟为他提供了更好的前景，使他能够发挥更大的关键性作用。

他与袁的合作方式让人联想到他在政治小说《新中国未来记》中作为黄克强的自我形象。梁显然希望袁能够在某种程度

---

① 《梁启超年谱长编》，第 369—370，372—373 页。
② 吴相湘：《宋教仁传》，第 122—123 页。
③ 1911 年到 1912 年间梁启超团体和同盟会之间的不和事例，参见《梁启超年谱长编》，第 362—363，400—401 页。

上成为他理想中的"开明君主",一个统一国家并带来现代化改革的人。他自己可能会扮演卡米洛·迪·加福尔的角色,成为袁现代化战略的首席顾问。到 1912 年早春,我们发现梁在一系列的书信中毫不掩饰地称袁为"开明君主"。在这些信件中,他试图确定自己可能扮演的不可或缺的资政角色,就财政问题向袁建言献策,并建议他发展一个调和的政党,以平衡同盟会在国会中的影响力。他甚至为袁起草了一部宪法。他一次又一次地指出他自己在袁世凯内阁中可能扮演的角色。①

对于袁来说,他无疑非常清楚梁的支持的价值。梁作为一个宣传家仍然享有很高的声誉,他的支持将极大地提高袁政府的声望及其表面上的合法性。更重要的是,梁对于日益敌对分裂的国会而言,可能是一个关键的缓和性影响力。袁也许还很欣赏梁在法律和金融方面的才干,在革命前的几年里,梁在这方面发表了大量的研究成果。因此,他对梁的靠近予以充分的回应,回敬了梁的溢美之词,称他是一个值得信赖的人,并真诚地寻求他的建议和帮助。② 1912 年 11 月梁回国后,袁对他非常客气,每月给他 3000 元的生活费,还承诺为梁正在试图调和各政党团体的目标提供 20 万元的支持。③他还将两次任命梁担任公职。

与袁结盟是梁所采取的双边战略的一部分。黄克强不仅是一位政治家,而且是一位政党政治家。梁并没有天真地把所有的希望都寄托在他对袁的影响上。他试图利用他的个人声誉和

---

① 《梁启超年谱长编》,第 380—383 页。
② 同上。
③ 同上书,第 411—412 页。

他与立宪派的联系来发展大量的追随者。如果有必要的话，这样的追随者将是他向袁施压的基础。

在这里，他又不得不以非常有限的资源参与这场竞赛。徐佛苏早就建议他加入黎元洪的民社，①但梁打算暂缓，他要等待自己的谈判地位变得更有利的时机。在1912年的整个过程中，他的追随者，即共和建设讨论会以及国民协进会，与黎元洪的共和党就两大集团合并进行谈判。但讨论从未取得太大进展——汤化龙和籍忠寅要求梁或者掌舵新党或者至少位居第二，考虑到梁在两党的有限影响，这实在是一个相当高的谈判条件。② 8月，共和建设讨论会和国民协进会合并为民主党。③梁希望他的个人声望能在即将到来的国会选举中大大提高这个政党的影响力。

在1912年，梁确实是最著名、最受尊重的理论家—政治家之一。他被认为是反对共和革命事业的人，这一事实并没有严重损害他作为一个宣传家的声誉，所有团体都想赢得他的宝贵的支持。1912年11月13日，经过14年的流亡，他回到天津，受到了各方的热烈欢迎：一些国民党成员试图争取他的支持；张謇等了三天才见到他；他立即成为各方为建立一个大的、调和的政党所争取的焦点人物。④两周后，当他抵达北京时，他被各种演讲预约和采访淹没了。他对所有这些关注感到非常高

---

① 《梁启超年谱长编》，第371页。
② 同上书，第396—403页。
③ 同上书，第405页。参考杨幼炯《中国政党史》，第46页；以及李守孔《民初之国会》，第71—72页。
④ 《梁启超年谱长编》，第405—408页。

兴,他说受到了比对孙先生更令人印象深刻的欢迎,日本报纸说他是全中国最受欢迎的人,这是对的。他在给女儿的信中说,"各人皆环绕吾旁,如众星之拱北辰","孙黄来时,每演说皆被人嘲笑,吾则每演说令人感动"。①

但是他高估了自己对国家现存权力结构的影响。民主党在国会选举中仅获得了16个下议院席位和8个上议院席位。②梁有些愤愤地抱怨说,胜利的国民党通过"恐吓和贿赂"击败了他。③如今,他被迫加入了黎元洪共和党的队伍,而在谈判中的地位比他原本希望的要低得多,1913年2月他正式成为该党党员。5月29日,民主党与共和党、统一党合并为进步党。黎元洪成为新的政党的首脑,而梁只是九名执行委员之一。④但他别无选择,进步党是他在国会中能产生影响力的唯一希望。

他当时的意识形态立场,在5月19日他在共和党的一次讲话中得到了最好的反映:他反对国民党的措施,指责国民党是一个"乱暴派",他指出"充乱暴之手段,非陷国家于无政府不止"的危险,并坚持认为,有必要在现有的可能性范围内展开工作;关于袁世凯,他强调,虽然"吾党对于临时政府之设施,无一能满意者","故虽对于不满意之政府,犹勉予维持,以俟正式政府之成立,徐图改造焉"。他的指导原则是"严重监督"政府,而不是"漫挟敌意"。⑤

---

① 《梁启超年谱长编》,第408—410页。
② 杨幼炯:《中国政党史》,第61页。
③ 《梁启超年谱长编》,第418页。
④ 同上书,第414,419页。参见杨幼炯《中国政党史》,第66—68页。
⑤ 《梁启超年谱长编》,第417—418页。

这一立场与他所陈述的思想和信仰完全一致。自1903年以来，他一直坚信，他的"新民"充其量是一个遥远的理想，因此，建立全面自由民主的政府还为时过早。他的"开明专制"是为了实现双重目的——在强大的中央政府下统一国家，以抵御外来侵略，并实施改革，逐步形成完全的宪政和代议制政府。国会中的极端分子，在他看来，也犯了和李去病一样的错误，在这个国家还没有准备在此之上建设任何东西之前，就要求推翻现存的政府。他自己的行为模式在这个时候则是更现实的黄克强。他将在现有的可能性范围内工作，由于袁世凯是唯一能够团结国家、发挥强大的中央领导作用的人，他将不得不与袁世凯合作。与此同时，他将利用议会的压力和说服力，使得袁走上现代化的"开明"道路，并最终实现自由民主。

他在玩一场复杂的权力游戏。他的目的是最大限度地提高他在国家事务中的影响力，然而他必须从一个根本无能为力的处境做起。与袁密切的个人关系意味着他有可能实现自己的想法，因为袁毕竟是能够行使委任权和贯彻执行国家决策的人。这也意味着权力的基础，可以最大限度地扩大他在进步党中的影响力，因为袁除了是政府领导，同时也是进步党的资金来源。而在进步党中的影响本身也就是他对袁影响最大化的一种手段。他和一个介乎袁与国民党之间的集团结盟，就可以利用这两者之间的微妙的力量平衡。这和黎元洪正在采取的策略差不多。

然而梁的行动策略所依据的权力结构在1913年年初发生了急速的改变。选举产生了激烈的政治氛围：一些国会议员主张把议会从北京迁到南京；围绕一个责任内阁和中央集权的政府，而不是一个松散的各省联盟的问题，也形成了激烈的辩论。① 1912年的议会实验并未让任何一方满意：袁和许多军阀对于笨拙的议会感到厌倦；而许多国民党党员被袁前一年的高压措施激怒了；调和派议会分子或对袁或对国民党，或两者兼而有之地批评。正是在这种氛围中，同时在国民党选举胜利的欢欣鼓舞中，宋教仁作出了把袁世凯彻底赶下台的决定。正如吴相湘所言，宋教仁正计划让黎元洪当选为总统，并设定由下议院选举产生的"内阁政府"总理，而宋本人当然是最有可能当选总理的候选人。

在2月和3月，宋开始公开批评袁，并呼吁成立"政党内阁"和"内阁政府"。②这一切袁当然无法忍受，3月20日，宋教仁被暗杀。

此时，袁与国民党之间不稳定的关系破裂了。有关袁是刺杀事件幕后主使的谣言迅速传开，到4月25日，调查结果公布了明显与袁有关的电报和文件等证物。一些国民党成员开始南下，而另一些则计划弹劾袁。

立法手段被证明是不够的。由于失去了最有能力的领导人，国民党未能在立法院中获得明显多数席位。事实上，当时国民党和进步党已经势均力敌，以至于立法院几乎完全瘫痪了。当国民党成员寻求通过立法院来解决宋被杀的问题时，梁和进步党主张把这件事完全交给法院处理，结果这个案子一直没有得到审理。③另一个立法瘫痪的例子是袁向五国财团贷款2500万英镑，而此项借款立约并没有经过参议院批准。大多数国民党成员坚

---

① 1913年年初总体的政治氛围，参见吴相湘《宋教仁传》，第216—219页。
② 同上书，第219—222，224—226页。
③ 李守孔：《民初之国会》，第94—95，104—105，107—108页。

持立法特权，并呼吁撤销贷款合同，但梁和进步党则坚持认为，贷款已成既定事实，重要的不是程序上的技术问题，而是对贷款资金的立法监管。议会再一次未能采取行动。①

与此同时，袁继续对国民党的权力基础进行攻击。6月间，他开始逐步把国民党主要的各省都督即行撤职——江西李烈钧、安徽柏文蔚、广东胡汉民。7月，李烈钧在江西发动了"二次革命"，黄兴很快加入，进驻南京宣布讨袁。但是其他同情国民党的军政都督却未能共同行动，战斗主要发生在江西和南京。到了9月，袁已经击溃了叛军，将长江下游地区置于北洋的统治之下。

"二次革命"中，袁把几名国民党代表从议会中开除出去，另外监禁了八名，处决了两名，其余的人要么闭口不言，要么否认与国民党之间的关系。②经历了这一切，梁只能恭顺地要求袁把国民党中的极端主义少数派和比较温和的多数派区分开来。③

"二次革命"的惨败对宪政本身的全部影响直到几个月后才变得清晰起来。当时国民党所遭遇的命运，在某些进步党党员看来，与其说是一种诅咒，倒不如说是一件好事，因为国会的天平已经向他们这边倾斜了。9月，随着熊希龄内阁的组建，进步党达到了其影响力的顶峰，被称为"第一流内阁"或"进步党内阁"——除了熊担任国务总理兼财政总长外，内阁还包括其他三名进步党党员：农商总长张謇，教育总长汪大燮以及

---

① 李守孔：《民初之国会》，第105—109页。
② 同上书，第111—114页。
③ 《梁启超年谱长编》，第422—423页。

担任司法总长的梁启超。

梁终于有机会实现自己的一些想法。作为司法总长,他的首要目标是建立司法独立。他敦促明确划分法院和军政府之间各自的职权范围,并禁止军政府对法院的任何干涉。他的基本思想是,法治是任何现代国家不可分割的一部分。"咸以养成法治国家为图","必人人知法律之可恃,油然生信仰之心",这就要求司法制度独立,不受任意侵犯。①

他的方法是典型的渐进主义。他警告不要贸然采取创新行动,反对废除新的法院,尽管它们的运作并不完美。他还反对袁回归旧法律体系的愿望。梁将在现有结构的基础上建立新的司法体系。在没有建立新的法院的地方,他任命地方行政官员继续监督司法职能,直到能够建立一个完全成熟的新法律体系。他将在中央政府税收收入的帮助下,逐步加强新的法律体系建设,在首都建立一个培训法官的机构,并采取一系列其他措施来提高其效率。②

就在梁以这种谨慎的方式试图改革法制的时候,宪政本身的问题已经到了紧要关头。宪法起草委员会于 6 月底成立。国民党人在这个委员会中占了多数,部分原因是进步党内部的分裂。在接下来几个月里,随着委员会的工作逐步展开,国会议员和袁之间不可调和的分歧很快成为焦点。委员会坚持遵循

---

① 《梁启超年谱长编》,第 431 页。参见《政府大政方针宣言书》,《饮冰室文集》,29:121。这份熊希龄内阁宣言书由梁启超撰写(《梁启超年谱长编》,第 420 页)。参考《辞司法总长职呈文》,《饮冰室文集》,31:32;《梁启超年谱长编》,第 433—434 页。

② 《梁启超年谱长编》,第 429,432 页。参见上一注释。

1912年临时宪法的先例，对行政权力保持真正的立法制约。另一方面，袁也决心要把比临时宪法所规定的更大的权力据为己有。袁特别寻求任免和制定条约的充分权力，并要求紧急立法权和预算权。①

当委员会拒绝让步时，袁迅速采取了行动。11月4日，在完成的草案提交全体委员会的第二天，袁下令解散国民党。北京宪兵队于5日凌晨没收了98名参议院代表和252名众议院代表的资格证书，并取消了34名参议院代表和54名众议院代表的议员资格。当两个议院试图在5日举行会议时，他们已经无法达到法定人数。② 1914年1月10日，袁正式解散议会。5月1日，他宣布修改宪法，给了自己独裁的权力，从而结束了第一次的议会实验。

袁很容易就结束了1913年的国会，这证明了共和初期中国宪政政府的软弱。立宪政府是在革命刚结束时建立的，因为革命的民主呼声得到了国民党在中国中部和南部势力的支持。当袁成功地摧毁了这个权力基础，只有理论思想的呼吁仍然维持着议会的实验，即便如此这种呼吁到了1913年也已经减弱；而议会势力也由于不断的派系斗争而败坏了自己的名声。

梁和国民党一样，由于"二次革命"的灾难性失败而变得无能为力。进步党不再发挥其举足轻重的作用，不能有效地牵制北洋的军事力量。梁担任司法总长的经历只能说明他没有真正的实权。他为司法独立于军政府而进行的斗争不过是目前无

---

① 李守孔：《民初之国会》，第119—120，127—132页。
② 同上书，第135页。

望的宪政斗争的延伸而已。① 1914 年 2 月 20 日,他在就职仅 5 个月后就辞职了。

但是袁决心让梁留在他的政府中。的确,梁在 1914 年并不像他在 1912 年那样"受欢迎"。在很多人眼里,空想家和政治家都已名誉扫地。梁本人多次成为媒体的攻击对象:他曾经被怀疑参与暗杀宋教仁,②而现在则被指控为解散国民党一事的同谋。③虽然他不再像以前那样承载着"公共舆论"的分量,但他仍然被广泛地认为是杰出的现代知识专家之一。这时,袁提议让他担任币制局总裁。事实上,袁直到任命梁这一新的职务之日才接受了他对司法总长的辞呈。④

至于梁,由于对议会选举的结果极度失望,以及不赞成许多国会议员的行为,同时对国会无法摆脱派系斗争的局面感到十分不满,这些反而使他对袁解散国会的反应相对缓和。⑤毕竟,即使没有袁的干涉,1913 年的国会是否真的能够有效运作,也是值得怀疑的。也许更为重要的是梁渴望继续为他的国家服务的愿望,正如丁文江所说的那样,"在可能范围之内有所展布"⑥。袁很精明地给他提供了一个职位,承诺在他深涉其中的这个领域将大有可为——他写了大量关于中国货币问题

---

① 见梁启超在《辞司法总长职呈文》中的自我评定,《饮冰室文集》,31:33;《梁启超年谱长编》,第 433 页。
② 《梁启超年谱长编》,第 415 页。
③ 同上书,第 421—422 页。
④ 同上书,第 429 页。
⑤ 例如,参见他在 1913 年撰写的文章《国会之自杀》,《饮冰室文集》,30:11—15。
⑥ 《梁启超年谱长编》,第 434 页。

的文章,①并曾担任货币立法委员会的委员。②

3月10日,梁就任新职,旨在规范和稳定中国无序的货币系统。他首先采用银本位制,作为迈向金本位制的过渡。银两将逐渐被政府规定的标准重量银圆所取代。迅速贬值的地方纸币将通过按票面价值兑换以购买政府债券来吸收。政府将发行数量有限的政府换汇券,以帮助筹集货币标准化的财政费用。③

他的第一个具体步骤是颁布一套新的货币法规。④杨汝梅在其《民国财政论》中将民国时期货币改革的开端归功于这套制度,指出在1914年到1915年期间,新标准货币确实开始逐渐取代旧的交换媒介。⑤

然而,成功是非常有限的。这些规定本身面临着一个直接的障碍,那就是有关新银圆的标准重量的争议。梁还建议中央政府自己带头使用新货币,用于税收和政府开支,但当时政府收入的主要来源——海关总署拒绝在其交易中把银两换成新元。梁的规定从来没有达到其应有的效果。⑥

他倡导的其他措施也胎死腹中。他很快就发现,他的部门对现有官僚机构和当局没有什么影响力。12月16日的《申报》

---

① 例如,《中国货币问题》,《饮冰室文集》,16:98—123;以及《币制条议》,《饮冰室文集》,22:1—28。
② 《民国初年之币制改革》,《饮冰室文集》,43:11。
③ 《余之币制金融政策》,《饮冰室文集》,32:38;《币制条例理由书》,《饮冰室文集》,32:2—3;《整理滥发纸币与利用公债》,《饮冰室文集》,32:12—26;《拟发行国币汇兑券说帖》,《饮冰室文集》,32:26—31。
④ 《余之币制金融政策》,《饮冰室文集》,32:41。
⑤ 杨汝梅:《民国财政论》,第9—23页,以及第42—50页的附录。
⑥ 《余之币制金融政策》,《饮冰室文集》,32:50—51;《民国初年之币制改革》,《饮冰室文集》43:11—12。

报道"此局形同虚设",梁实际上是"虚应故事"。①他最终于12月27日辞职,再次对共和政府的现实感到沮丧。他自己的评价是,他什么都做不了,他的政策"适成纸上政策而已"。他写道:"夫以吾之摇笔弄舌以论此项政策者垂十年,今亦终于笔舌而已。"②随着梁的辞职,币制局也被撤销。

袁试图挽留梁,因为他现在有其他想法,他需要梁的支持。大约在梁从币制局辞职的同时,他被袁的儿子袁克定邀请参加晚宴,席间袁克定谈到了共和主义的弊端,并试图让梁接受君主制最适合中国。但梁表示强烈反对,并对此举所带来的国内外危险提出了警告。③然后他试图劝阻袁世凯,在其面前为立宪政府辩护。梁认为,公共舆论是反对君主制的,袁万万不可激起国民的愤怒,他必须遵守国家的法律,为官员和人民树立榜样,鼓励公众表达意见,并勉力通过政府为民众服务。④袁一定认为,梁既天真幼稚又学究气十足。

表面的友好又持续了几个月,尽管两人的关系正迅速走向公开的破裂。袁否认他有任何自封皇帝的想法。7月,他甚至任命梁为起草宪法的新委员会委员。梁接受了,但他已经预料到袁会严厉地报复,为了自己的安全起见,他搬到了天津租界。⑤

8月19日,筹安会成立。表面上看,这是一个没有政治含

---

① 《梁启超年谱长编》,第440—441页。
② 《余之币制金融政策》,《饮冰室文集》,32:38。
③ 《梁启超年谱长编》,第460页。并可参考《国体战争躬历谈》,《饮冰室专集》,33:143。
④ 《梁启超年谱长编》,第453—454页。
⑤ 同上书,第446,449,456页。

义的机构,其组织的唯一目的是对君主制政府的利弊进行学术研究。筹安会很快得出这样的结论:既然共和主义在中国没有起到有效的作用,那么君主制就是唯一的答案。梁立即写了一篇文章来驳斥筹安会的论点:人民甚至还没有开始从革命造成的巨大痛苦中恢复过来,复辟只会导致更多的混乱;此外,政体形式的改变几乎不能显著地改变政府的质量,因为这取决于政府中的人以及人民的政治成熟度和能力。①袁试图贿赂20万元让梁不要发表这篇文章,但没有成功。②

此时,梁正在计划用武力来抵抗袁世凯复辟。在筹安会成立的第二天,他会见了蔡锷,讨论反复辟的计划。10月,贵州的一位重要人物戴戡应蔡锷邀请来到天津,与梁商议反复辟的策略。③云南是抵抗袁的先锋。这也将为各省发起的改革树立榜样——因为梁预见到不可能快速轻易战胜袁,他准备把他的希望寄托在地方改革上。④

12月,梁前往上海为这次运动作准备。他试图在资金和武器方面争取日本的帮助,并从海外华人和上海的团体筹集经费。他还派了他的亲信之一黄溯初去请求当时在南京的冯国璋的支持。黄与冯的两个部下有联系。梁对运动的各个阶段都保持着密切的关注和联系,并多次提出战略建议。⑤

1915年12月25日,蔡锷宣布云南独立。一个月后,贵州

---

① 《异哉所谓国体问题者》,《饮冰室专集》,33:85—91。
② 《梁启超年谱长编》,第457页。
③ 《国体战争躬历谈》,《饮冰室专集》,33:144。
④ 《致籍亮侪、陈幼苏、熊铁厓、刘希陶书》,《饮冰室专集》,33:27—28。
⑤ 《梁启超年谱长编》,第462,468—471页。

也配合独立。1916年2月,陆荣廷传话给梁启超,只要梁一到广西,他即宣布起义独立。①陆估计广西起义必谋下广东的复杂局面,因此认为非梁亲自相助不可。②梁于3月4日乔装成日本人出发,途经香港、海防与河内。③陆于15日宣布独立,当时梁还在途中,梁起草护国军军政府宣言,以他们联名的名义向外发布。④

3月22日,袁世凯撤销帝制,但此时反复辟者们要求他彻底下台。4月6日,国民党在广东的分裂势力成功说服军政府都督龙济光宣布独立。不久,浙江、四川和湖南也叛附护国军。⑤袁想借组织责任内阁来安抚叛军,但他此时甚至难以调动常年跟随他的副官冯国璋及段祺瑞。6月6日,整个事态突然结束——袁世凯病死。

反复辟之所以取得胜利,与其说是由于文化思想的力量,或致力于共和主义的力量,倒不如说是由于国内各军事力量之间的分歧。蔡锷及其云南也仅仅是点燃了星星之火而已。广西陆荣廷或广东龙济光之流并非明确与梁启超集团或国民党结盟,而是为了他们自己的利益行动。袁的权势变得太大了,威胁到了各省军方早已习惯的独霸一方。即使是袁自己的副手,如段

---

① 《梁启超年谱长编》,第473—474页。
② 吴贯因:《丙辰从军日记》,《大中华》,第2卷第10期(1916年10月20日):2。
③ 有关梁启超去广西的生动描述,参阅《从军日记》,《饮冰室专集》,33:121—127。同时参考《梁启超年谱长编》,第482页。
④ 电文内容见《广西致各省通电》,《饮冰室专集》,33:6—7。电文是由汤觉顿带给陆荣廷的(《梁启超年谱长编》,第482页)。
⑤ 《梁启超年谱长编》,第483—484页。参见李剑农《中国近百年政治史》,第455—456页。

祺瑞、冯国璋，也不愿看到他处于拥有绝对权力的位置。

1912年后，权力结构发生了很大的变化。段祺瑞掌控着北京，冯国璋控制着南京——长江下游的中心，黎元洪仍然在武汉维持着他的权力基础。至此，他们成为操控中国国家权力的三个人物。这反映在新的国民政府之中——黎出任大总统，冯是副总统，段是国务院总理。至于国会的势力，比1912年还要孱弱。国民党在1916年没有恢复它在长江下游的早期势力基础。它比以往任何时候都更依赖于南方和西南地区个别军政都督的头脑发热式的冲动。如果蔡锷仍然是云南的最高领袖，那么或许梁启超已经在那里建立了基地，但此时唐继尧已取代蔡锷成为拥有最强势力的人物，他对梁的同情远不如蔡锷。

然而，就当时而言，这个国家再次回到了立宪政府的形式。议会派成功地恢复了1912年的临时宪法。1916年8月1日，1913年的国会重新在北京召开。

重新召集起来的议员们之间似乎出现了一种新的气氛。旧的政党消失了，取而代之的是大量新的"系"或"派"以及"俱乐部""会"或"社"。当时的社会风气可以用进步党的口号"不党主义"来概括。许多人似乎希望重新召集的国会能够超越党派分歧，关注国家问题。

但事实上，旧的排列方式只是作了很小的修改。国民党以宪政商榷会的名义形成三个派系：一是激进左派的"丙辰俱乐部"，主要代表由孙逸仙1914年组建的组织紧密的中华革命党成员组成；二是"韬园"系，主要由旧进步党激进分子如孙洪伊等组成；三是占据中心且人数最多的"客庐派"，由张继领导，成员多曾是宋教仁的旧部和追随者。而进步党短暂地分为两系后重组为"研究系"。①

梁有一段时间不确定是否要再投身到国家政治的洪流中去。他痛苦地意识到前几年自己的努力都是徒劳。正如他向他的追随者指出的那样,他们的组织试图在"无尺寸根据之地"的情况下运作。最后,他们只是"张空拳以代人呐喊"②。1916 年春夏发生的一系列个人悲剧加深了他的悲痛。他最亲密的朋友和追随者之一汤觉顿,4 月 12 日被龙济光的手下杀害了。③5 月,梁得报父亲去世。④7 月,他听闻蔡锷病重。⑤这时的他越来越多地谈到从公众生活中抽身出来,全身心地投入"教育"中。⑥

但他对政治行动的渴望再一次压倒了他的失望感。在反复辟运动胜利的高潮中,他可以暂时忘却早期行动中的那种徒劳和失望。他还和其他许多国会议员一样,希望从前几年的失败中吸取重要的教训,希望立宪政府今后也许能够有效运作。

他将再次尝试权力的游戏。他本可以与国内三大权力中心中的一个结盟。7 月黎元洪邀请他担任总统办公室秘书处主任,并向他提供每月 2000 元的薪俸。⑦冯国璋为人谨慎,但是梁仍

---

① 对这些政治派系更详尽的论述,可参考杨幼炯《中国政党史》,第 89—93 页;以及李剑农《中国近百年政治史》,第 481—483 页。

② 《致籍亮侪、陈幼苏、熊铁厓、刘希陶书》,《饮冰室专集》,33:28。

③ 此事被称为"海珠事件",参见吴贯因《丙辰从军日记》,第 7 页。根据吴的论述,杀害汤觉顿,是袁世凯的心腹梁士诒密谋策划,并纵容龙济光实施的。梁启超对该事件的反应参见《梁启超年谱长编》,第 485—486 页。

④ 《梁启超年谱长编》,第 494 页。

⑤ 参见梁启超致罗佩金的电文,《饮冰室专集》,33:81—82。蔡锷于 1916 年 11 月 8 日在日本福冈医院病逝(《梁启超年谱长编》,第 503 页)。

⑥ 参见梁启超致黎元洪的电文,《饮冰室专集》,33:78。可参考《梁启超年谱长编》第 500 页,以及《与报馆记者谈话》,《饮冰室专集》,33:132—133。

⑦ 《梁启超年谱长编》,第 496—497 页。

然试图通过冯来影响内阁的组成。①但是即使他与黎、冯保持联系，他还是同时选择了段祺瑞。毫无疑问，他的盘算与他在1912年选择袁世凯时几近相同：段是三人中实力最强者，在国民政府中掌握着最大的权力。10月，梁通过籍忠寅向段秘密报告了广东—广西的情况，并收到了段的回应和指示。②

1月6日，他抵达北京，立即卷入了当时全国性的主要问题——中国在世界大战中的政策。2月1日，德国宣布对美实施海上潜艇封锁。美国、英国和日本教唆中国参战。③段赞成向同盟国宣战。大多数国会议员都倾向于支持这项政策，唯一的例外是激进的丙辰俱乐部。因此，在3月10日和11日，两院以极大的优势通过了要求与德国断绝关系的决议。④

梁是主张向同盟国开战的领导人之一。他认为，参加这场战争将提高中国的国际声望，增强中国的财政实力，并意味着自动取消对德国和奥匈帝国的赔偿。此外，中国可以与同盟国讨价还价，争取在关税估价和延长赔款支付等方面要求同盟国作出让步。增加的财政收入和从赔款中节省下来的钱可以用来增加中国的黄金储备，而战时黄金的普遍贬值带来了一个不寻常的机会，这反过来又可以帮助稳定中国的货币。梁希望延续他早些时候作为袁世凯币制局总裁的努力。⑤

但外交政策问题很快变成了各大权力集团之间的较量。甚

---

① 《梁启超年谱长编》，第505—507页。
② 同上书，第501—503页。
③ 同上书，第512，514—515页。
④ 李剑农：《中国近百年政治史》，第489—490页。
⑤ 《梁启超年谱长编》，第510—512，514—515页。参见《民国初年之币制改革》，《饮冰室文集》，43：16—17；《外交方针质言》，《饮冰室文集》，35：4—7。

至在国会投票决定与德国断交之前,段就已经贸然指示中国驻日大使章宗祥推进就日本对华让步的谈判。许多国会议员认为段的举动是一种阴谋,目的是取得日本的支持以巩固自己的北洋基础,其中较为激进的议员希望利用外交政策问题推翻段的内阁。而段试图迫使这些持不同政见者屈服——5月10日,国会被3000多名暴徒包围,显然代表了支持宣战的"公众舆论"。此举只会激起更多议员反对段祺瑞。议员提出休会,以抗议段企图干涉国会。尽管受到支持段的各省督军的巨大压力,黎总统仍然拒绝解散国会,下令免去段总理之职,段不得不下台。①

国会和黎的联合力量能够迫使段祺瑞辞职,但他们无法提出一个现实的替代方案。黎的权力不足以维持国民政府。黎绝望地转向安徽的督军张勋,但是张有不同的打算。1917年6月13日,张勋强行解散国会,并于第二天将军队开进北京。两周后,张勋宣布恢复宣统皇帝溥仪帝制。这是第二次国会实验的失败。1916—1917年的国会毕竟只是早期议会的一个影子而已。1913年,它建立在国民党在中国中部和南部的权力基础之上,只有在袁世凯的军队摧毁了这个权力基础后,它才遭到覆灭。但是1916—1917年的国会,则完全处于权力的真空之上,因此更容易被废除。张勋的权力也无法维持国民政府。张勋企图通过支持黎元洪和冯国璋来孤立段祺瑞,但是复辟导致几乎所有人都反对他,而张勋的军队也无法与段祺瑞领导的讨逆军相抗衡。段祺瑞再次掌握政权,而黎元洪,由于他的误判,不得不辞职,由冯国璋任代理大总统。

---

① 李剑农:《中国近百年政治史》,第490—493,514—515页。

梁再次选择了获胜的一方。一接到复辟的消息,他立即发了一封反对复辟的通电:"且此次首造逆谋之人,非贪黩无厌之武夫,即大言不惭之书生,于政局甘苦毫无所知。""即如中央政费……试问现在北京之滑稽内阁……有何把握?""倡帝政者,首借口于共和政治成绩之不良,夫近年政治之不良,何容为讳,然其造因多端,尸咎者实在人而不在法。""夫专制结果,必产革命。"①梁亲自加入了段在天津的军队,直接参赞反张之战。②

由此他赢得了另一个"在可能范围之内有所展布"的机会。1917 年 7 月 17 日,他成为段新内阁的财政总长。他这时的职位和 1913 年差不多,当时他还在"第一流内阁"中。现在新内阁中有另外两名"研究系"成员,他们都是梁的亲密助手——内务总长汤化龙和司法总长林长民。③梁的政党再次在北京新内阁中占据了优势,尤其是在很多国民党党员离开北京加入孙中山在广州的军政府后。

梁希望以他的新身份执行他所制定的关于向同盟国宣战的计划。事实上,协约国同意将庚子赔款延长五年,以换取中国参战。正如梁所指出的,这意味着在未来五年内,中国的海关收入将节省约 7000 万美元。梁希望用这笔钱来偿还中国的债务,并建立黄金储备。他认为当时的黄金普遍贬值,为清算以金本位为基础的贷款提供了一个特殊的机会,也为中国积累黄

---

① 《梁启超年谱长编》,第 518—520 页。参见《辟复辟论》,《饮冰室专集》,33:117—119。
② 《梁启超年谱长编》,第 520 页。
③ 同上书,第 523 页。

金储备、采用金本位作了准备。①他提议新增两笔贷款,一笔是来自四国财团的 1000 万英镑贷款,一笔是来自日本的 2000 万日元贷款。这两笔贷款将被用来购买黄金,立即存储于国外银行,用于新标准化货币的保证金。②

梁因为从日本借贷 2000 万日元而受到当时以及后来学者的广泛批评。③这笔借款是 1917 年 1 月 20 日至 1918 年 9 月 28 日期间来自日本的八笔借款之一。这八笔借款被称为"西原借款",因为它们不是通过正常的外交渠道谈判,而是通过日本首相寺内正毅的私人代表西原龟三获得的。④从一开始,借款就是一个激起情绪化的议题。当时的舆论对于借款的"阴谋"和"丧权辱国"一片哗然。⑤

虽然日本确实把借款构想成在中国建立日本独占特权的一种手段,但借款本身并没有严格的条款,寺内政府对华政策正是根据寺内、西原和胜田主计在朝鲜的经验制定的。寺内曾任朝鲜总督,胜田曾任朝鲜银行行长,而西原则是日韩合资纺织公司的经理。这三人一起被称为"朝鲜帮",而当时日本政府的对华政策也由此确立。他们反对大隈内阁的方法,即通过"二十一条"对中国实施军事和经济上的直接威胁,他们正是在导致大隈内阁垮台的不满浪潮中上台的。以西原为代表的

---

① 《梁启超年谱长编》,第 531—532 页。
② 同上书,第 532—537 页。
③ 参见李剑农《中国近百年政治史》,第 512,516 页。
④ 贷款明细表,见《亚洲历史辞典》,7:335—336。
⑤ 兰登・弗兰克(Langdon Frank C.):《1917—1918 年日本建立与中国友善关系的失败》("Japan's Failure to Establish Friendly Relations with China in 1917—1918"),第 250 页。

"朝鲜帮"的理论是,确保日本在中国的霸权地位的最佳途径是发展中日经济合作,而不是寻求领土和经济上的特权。①因此,借款的实际条件非常优惠,利率很低,没有佣金,甚至也没有任何确切的担保要求。②

这些借款的过错与其说在于"丧权",倒不如说在于它们的用途。梁希望这些资金能被用来稳定中国的货币,但是实际上它们仅仅被用于军费开支。正如梁在给冯总统和段总理的报告中所指出的:资金使用于(1)陆军和海军的日常支出的增加;(2)加强各省的军队;(3)"绥靖"南方军政府。他指出,这样的支出是对借款合约的公然滥用,该合约明确规定,这些资金将用于增加中国的黄金储备。③事实是梁和当权军阀之间不可能有利益的契合点。梁的首要任务是他认为有利于国家现代化的改革。而段和冯的选择却仅仅是巩固自己的地位,否则他们就无法维持在派系混杂的军阀中的稳定霸权。中央政府可用的有限资金不能同时用于两个目的。11月,仅仅就任4个月后,梁启超辞去财政总长之职。

他的议会活动也只能以类似的方式结束。他曾经希望重新召开国会以摆脱早期的党派纷争,找到现有条件下的解决方法。但事实证明,与1913年相比,并没有更多的可能性以实现这一点。梁再次希望,一个主要由他自己的"研究系"组成的较

---

① 波多野善大:《西原借款之基本的构想》,第396—398,409页。
② 王芸生:《六十年来之中国与日本》,第127页。兰登·弗兰克:《1917—1918年日本建立与中国友善关系的失败》,第256页。兰登在这个问题上与王芸生观点相同。
③《梁启超年谱长编》,第535—537页。

为温和的国会,至少能够表面上维持宪政。因此,他支持段关于重组国会的呼吁。①但是 1918 年 7 月"选举"的结果彻底粉碎了他最后的希望:重组的国会只是更现实地反映了现有的权力结构。这个没有实权的"研究系"只赢得了 20 个席位。国家和立宪政府的薄外衣终于从北京政府身上被剥去了,中国终于进入全面的军阀统治时期。梁和其他革命思想家在政治舞台上不再有显赫的地位。梁自己也退出了公众生活,把全部精力投入到了教育和学术上。

在这种环境下,梁已经做到了他所能指望的程度。他从一个没有实权的位置开始,设法在国家政府中发挥了显著的作用。他很清楚,建立国家政府的首要条件是军事力量,他总是设法选择获胜的一方,首先是袁世凯,然后是段祺瑞。他也了解当时的权力结构,并成功地把自己安排到当权者积极要求他提供支持和服务的位置上。他比宋教仁这样的人更接近于有一个真正的机会来实现其思想。

他的失败说明了事情的另一面。他与袁和段的关系象征着民国初期意识形态与军事力量的冲突。本质上而言他是无能为力的,除了说服的力量外,梁几乎没有什么能拿来实现自己的目标。孙中山和毛泽东在 20 世纪 20 年代从他的失败中吸取了教训:意识形态必须足够强大,使军队服从于其目标,也许唯一有效的办法就是建立一个紧密团结的政党及其军队。梁的经历是 20 世纪中国个别自由主义改革者徒劳努力的早期故事之一。

---

① 《梁启超年谱长编》,第 524,526 页。

第七章

融合与自由主义

第七章 融合与自由主义

五四新文化运动发生时，人们对政治现实普遍感到幻灭。国家和立宪政府的失败使许多知识分子相信，有必要进行更根本、更彻底的变革。随着共和制政府堕落为军阀主义，现实与抱负之间的鸿沟不断扩大，知识分子越来越远离政治舞台。很少有人关注如何从现状走向未来的问题。文化革命的方向主要是理论性的。当时的气氛很激进，新的口号是"新青年""新文学"或者"新文化"，探索一个全新的中国。

对新中国的呼吁是一个世纪以来思想趋势的高潮。19世纪40年代，魏源、林则徐等人呼吁加强中国的海上防御力量，以对抗西方强大的军事力量。到了19世纪70年代，这些"抵抗派"开始呼吁建立新的商业和工业，因为它们被认为与军事实力密不可分。到了19世纪90年代，一些改革者将重点转向了政治制度，以寻求缩小中国和西方之间力量差距的方法。"百日维新"失败后，一些思想家进而挑战中国文明的整个道德结构，梁启超是第一个以新的道德价值呼吁中国"新民"的人。然而他们发现，中国终究仍陷于19世纪10年代以来帝国主义侵略的摆布之中，现在他们要求彻底地变革。

19世纪90年代至20世纪10年代期间思潮的彻底变化，很好地反映在当时思想的核心主题间的对比之中。19世纪90年代的问题是：中国需要向西方学习什么？到了20世纪10年代，形势发生了逆转，此时的问题是：中国文明能拯救什么？主张"全盘西化"的人占了上风。他们的敌人与其说是相信中国文明优越性的保守主义者，不如说是主张中西合璧的现代主义者或调和派。

梁在调和派中占有一席之地,而他过去 20 年的历史的确让我们对此可以预期。自 1902—1903 年以来,他一直支持渐进主义,反对更为激进和革命性的变革。他的行动表明他总是倾向于走"中间道路",将自己置于既有权威和激进变革之间的位置。他在 20 世纪 10 年代和 20 年代的选择都是一样的:在激进的反传统主义者和保守的传统主义者之间走中间道路。而他能在战后欧洲的思潮中找到他的调和倾向的确证。

1918 年 12 月 23 日,他渡海来到欧洲。在欧洲的这一年里,他试图直接了解他在遥远的地方研究了那么久的文明。在英国,他参加了众议院的会议,并参观了牛津大学和剑桥大学。在欧洲大陆,他游历了意大利、瑞士、德国和荷兰。他在欧洲的大部分时间在巴黎度过,"曾乘飞机腾空五百基罗米突",会见了亨利·伯格森(Henri Bergson)、伍德罗·威尔逊(Woodrow Wilson)以及其他许多著名的哲学家、政治家和文学家,还参加了历史、政治和现代文学的讲座课程。①

他在语言上有缺陷。他试过几门外语,但他从来没能在语言学习上花很多时间,只在日语方面取得了很大的进步。在去欧洲的邮轮上,他努力学习过法语,但收效甚微。②在巴黎,他把注意力转向了英语,并夸口说,在他逗留的最后阶段,他已能够读懂英语书籍和报纸的大意。他通过自己的方法学习英语,

---

① 《梁启超年谱长编》,第 551—570,599 页。详细的描述参见《欧游心影录》,《饮冰室专集》,23:1—162。

② 《梁启超年谱长编》,第 554 页。

第七章 融合与自由主义

然而,最后并不能说也不能听懂英语口语。①他自己也承认这种语言上的缺陷,如果他能懂一点欧洲语言,他就能从他的旅行中取得"十倍于此"的收获。②

他只能通过他的年轻同伴张嘉森(君劢)、蒋方震、刘崇杰、丁文江、徐新六以及一位随从杨维新的帮助,来了解欧洲人的思想。蒋曾在德国留学,张和丁曾在英国和德国留学,徐则在法国留学过。丁精通英语和德语,而徐精通法语并曾在巴黎担任梁的翻译。这些人的背景、受教育经历和兴趣也各不相同:张和蒋与梁在政治活动中有密切合作;蒋的职业是军人,但当时正从事文艺复兴研究;张的兴趣是哲学,特别关注伯格森、社会主义思想和新唯心主义思潮;刘的职业是外交家;丁则是一位训练有素的科学家,他的兴趣还包括历史和哲学。作为一个群体,他们比梁小10到15岁,并且属于五四及以后成熟的那一代思想家。他们在欧洲充当了梁的触角。③

在这些年轻同伴的帮助下,梁满怀热情地投入他的新学习中,正如他写给弟弟的信中所说,他决心"在此发愤当学生"④。

---

① 《梁启超年谱长编》,第565页。
② 同上,第559页。
③ 张、蒋、刘和杨陪伴梁去欧洲(《梁启超年谱长编》,第551,565页),丁和徐在欧洲加入旅行队伍(《梁启超年谱长编》,第552页)。关于张,参见《亚洲历史辞典》,6:279;佩尔勒贝格编:《当代中国传记词典》,第393页。关于蒋,参见《亚洲历史辞典》,4:414;贾逸君编:《中华民国名人传》,第125页;以及梁的《清代学术概论》前言,《饮冰室专集》,第34页。关于刘,参见《梁启超年谱长编》,第316页。关于丁,参见丁文渊在《梁启超年谱长编》中对其兄长的叙述,第5—9页;参见费侠莉(Charlotte Furth)《丁文江》,《亚洲历史辞典》,6:419;杨家骆编:《民国名人图鉴》,1:4;以及《中国周刊》,《中国名人录》,第230页。关于徐,参见《梁启超年谱长编》,第558—559,566页。
④ 《梁启超年谱长编》,第559页。

其结果是，一系列的印象引发了他对早期关于西方思想的重新评价。正如他所说：

> 至内部心灵界之变化，则殊不能自测其所届。数月以来，晤种种性质差别之人，闻种种派别错综之论，睹种种利害冲突之事，炫以范象通神之图画雕刻，摩以回肠荡气之诗歌音乐，环以恢诡葱郁之社会状态，饶以雄伟矫变之天然风景，以吾之天性富于情感，而志不懈于向上，弟试思之，其感受刺激，宜何如者。吾自觉吾之意境，日在酝酿发酵中，吾之灵府必将起一绝大之革命，惟革命产儿为何物，今尚不可知之数耳。①

这种思想"革命"的成果记录在梁的《欧游心影录》一书中。②

二十多年来，梁一直与他的古典自由主义导师们分享一种世界进步的信念。当他呼应约翰·斯图亚特·穆勒和杰里米·边沁的个人主义自由主义，以及加藤弘之重新诠释的斯宾塞式的达尔文主义时，他的意思是要传达他认为西方社会极致的个人奋斗正是现代西方文明的源头的理念。他与斯宾塞和边沁都认为，个人竞争和对自我利益的"文明"追求促成了现代世界不可阻挡的进步。如果他感知到的就是史华慈所谓的"西方的浮士德式特征"③，那么在这里，正是歌德的《浮士德》所象征的人物得到了救赎，而不是最初传说中的悲剧的浮士德。

---

① 《梁启超年谱长编》，第 558 页。
② 见 158 页注释①。
③ 史华慈：《寻求富强：严复与西方》。

但他目睹了第一次世界大战及其后果，这让他开始质疑自己早期的信仰。不可阻挡的进步之路不知何故把西方引向了第一次世界大战的深渊。不正是完全的达尔文主义的斗争导致了这场灾难性的大屠杀吗？他发现，战后欧洲的学术氛围反映了他自己的疑虑。斯宾格勒（Spengler）的《西方的衰落》在1919年广受好评。①显然，社会达尔文主义也不再受欢迎。早在19世纪90年代，欧洲的思想家们就已经开始反对社会达尔文主义的假设，这就是斯图尔特·休斯所说的"对实证主义的反抗"②。战后，斯宾塞式达尔文主义的流行在美国也同样成为一纸空文。③梁评论说，西方已经抛弃了达尔文主义的斗争观点，转而支持克鲁泡特金（Kropotkin）的"互助"。④

这时梁已不再信奉19世纪末20世纪初的西方。像一些与他同时代的欧洲人一样，他倾向于把达尔文主义和其他许多学说合并在一起加以思考。正如斯图尔特·休斯所指出的，19世纪末期的批评家们倾向于把"实证主义"和"唯物主义""机械主义""自然主义"互换使用，他们对这些词都不以为意，他们反对的是"用自然科学的类比来讨论人类事务的整个趋势"⑤。梁在达尔文主义、自然主义、唯物主义和实证主义中也发现了他所谓的"唯物主义和机械论的人生观"。根据他的说法，这

---

① 休斯（Stuart Hughes）：《意识与社会》（*Consciousness and Society*），第377页。
② 同上书，第33—66页。
③ 霍夫斯塔特（Hofstadter）：《美国思想中的社会达尔文主义》（*Social Darwinism in American Thought*），第123页。
④ 《欧游心影录》，《饮冰室专集》，23：17。
⑤ 休斯：《意识与社会》，第37—38页。

种人生观的极端的形式"其敝极于德之尼采",而这种思想又转而与军国主义和帝国主义缠绕在一起。这种人生观代表了一种道德,即"爱他主义为奴隶的道德",以及"剿绝弱者为强者之天职"。而这些学说合起来就是战争的起源。①

梁以一篇题为《科学万能之梦》的文章结束了他的"心影"。在这里,他简单地把科学等同于实证主义。按照他的说法,"欧洲人做了一场科学万能的大梦,到如今却叫起科学破产来"。事实上,他继续说,"这便是最近思潮变迁一个大关键"。欧洲人意识到,他们的"大梦"导致了对人类精神生活的漠视,孕育了对财富和权力的疯狂追求,而这种追求在第一次世界大战中以大屠杀而告终。中国无论如何不能犯下同样的错误。②

梁本可以沿着这一出发点,从西欧最新的思潮中汲取新的灵感。毕竟在五四时期,显示自己与西方最新潮流并驾齐驱是一种时尚,而或许只有20世纪初的梁才可能做到这一点:成为西方新思想的专家型倡导者。但是,成熟的梁已经有其他的顾虑。年轻的思想革命分子的反传统和激进情绪,给他带来了庸俗实证主义的幽灵,也就是郭颖颐所说的"唯科学主义"③。它们迫使梁去评估一个在他自己的思想发展中早就应该出现的问题:考虑到中国必须实现现代化——梁也不再需要为此

---

① 《欧游心影录》,《饮冰室专集》,23:9—14。
② 同上书,23:10—12,15。
③ 郭颖颐(D. W. Y. Kwok):《中国现代思想中的唯科学主义(1900—1950)》(*Scientism in Chinese Thought, 1900—1950*)。

争辩了,因为它在五四知识分子中已被如此广泛地视为理所当然——中华文明将会发生什么呢?难道中国真的像许多革命者所相信的那样,对现代世界毫无贡献吗?

梁只是足够成熟以至足够理解历史连续性的力量,所以他不相信存在一个可以一笔勾销的发展进程。他的个人倾向是融合(syncretism)。在这里,他又一次为他的思想寻找到了西方的权威。到斯宾格勒发表《西方的衰落》时,文化相对主义在西方已经相当流行。西方历史的首要地位不再被认为是理所当然的,许多人认为异域文明具有同等的价值。①根据梁的说法,美国记者弗兰克·赫伯特·西门兹(Frank Herbert Simonds,1878—1936)告诉他"西方文明已经破产",西方正在寻找东方文明的救赎。②梁还引用了艾迪安·蒲陀罗(Étienne Boutroux)的话,他说,蒲陀罗使他认识到每个民族都需要发展自己的本土文化,并将其中的独特品质与其他文化相结合。蒲陀罗读过一些中国哲学著作的译本,"总觉得它精深博大"③。梁在五四时期自觉的任务,就是要发现中华文明的"独特品质",使之与西方的"优良品质"相融合。

可是他还要寻找什么呢?梁非常清楚,他不能没有先入之见地对待自己民族的文化遗产。他必须首先重新定义或重申他认为在西方文明中有价值的东西,并提出他的新中国理想。只有这样,他才能在中华文明中寻找到互补的价值。

---

① 休斯:《意识与社会》,第 376 页。
② 《欧游心影录》,《饮冰室专集》,23:15。
③ 同上书,23:35—36。

首先,他选择再次确认自己的自由主义信仰。他的《欧游心影录》的下篇名为《中国人之自觉》①。在这里,他重申了他对人类精神的中心地位的信念——新中国应该拥有什么样的人比什么样的制度和技术问题更重要。他呼吁年轻人最大限度地发展其个人能力。只有这样,他们才能为国家和人类的事业作出贡献。他再次强调思想自由的核心重点——只有在思想自由的条件下,个人才能发展他们的潜力。

至于政府的形式,他重申了他的信念,即宪政和代议制政府是中国的理想。虽然这一理想在中国确实遭到了惨败,但它的失败只是因为中国还没有准备好接受这样的政府。国民党和他自己的政党失败的根本在于没有真正的代表性——没有广泛的群众基础的支持。他自己一方的议员们曾经试图在现有政府结构所规定的范围内运作,但他们的"结局不过被人利用,何尝看见什么改革来"②。另一方面,国民党企图推翻当权军阀,但他们在这种努力中唯一的依靠恰恰是军阀,他们只会助长军阀的进一步扩张。他再次强调民主制度基础的首要条件——觉醒的公民。

但是,如果说这篇文章在很多方面重申了《新民说》所包含的思想,那么与之相比它也包含了很大的不同。《新民说》的激进和急躁情绪被更冷静的说明和对渐进主义的坚持所取代。他不再像 1899—1902 年那样对立竿见影的结果抱有希望,而是准备等待时机,直到出现更有利的条件。"所以我们现在着

---

① 《中国人之自觉》,《饮冰室专集》,23:20—38。
② 同上书,23:22—23。

手的国民运动",他写道,"总要打二三十年后的主意"。①我们不要焦躁,他继续道,我们要把希望寄托在年轻人身上。只要他们有决心,愿意为完成这项任务而磨炼自己,他们迟早能够挑起重担。

达尔文"物竞天择"和"适者生存"的措辞也随之被舍弃了,强调合作取代了个人主义主张的基调。"我们中国人最大的缺点,在没有组织能力,在没有法治精神。"②作为个人,中国人与任何美国人和欧洲人是平等的。然而,作为一个群体,他们根本无法合作。我们需要的是中国人之间达成一致的一套规则和原则,以便他们能够发展组织的能力。梁特别提倡发展地方自治和行业协会,作为发展中国人组织能力的具体步骤。

达尔文主义框架的缺失也影响了梁的民族主义的基调。"新民"迫切呼唤民族主义的"精神",称其为发展现代国家权力的必由之路。梁曾强调了这一呼吁的紧迫性,他把国际社会描绘成一个爪牙的丛林。现在他的语气完全不同了。这是对"世界主义的国家"的呼吁。民族主义不能忽视个人权利或国际合作。将来的目标是要培养这样一些人,他们不仅要为国家的福祉,而且要为人类文明的全面进步作出贡献。③

梁肯定了一种本质上不同于他最初在《新民说》中所信奉的自由主义信仰。自由主义是通往国家力量的有效途径,自由主义制度为释放国家目标背后的个人能量提供了最佳环境,如

---

① 《中国人之自觉》,《饮冰室专集》,23:24。
② 同上书,23:28。
③ 同上书,23:20—21,35—38。

今这种说法已一去不复返了。事实上，自 1902 年和 1903 年以来，梁就学会了把自由主义与国家力量的目标分离开来。他重申的是他对自由进程内在及其本身的价值的信仰，"思想自由"和"宪政、代议制政府"在其本质上值得向往。

他在 1918 年及之后的倾向与 1902 年后正好相反。他已把他的自由主义承诺推到更遥远的未来，因为他意识到这些承诺与国家力量这一更紧迫的目标在本质上并无关系。但在他看来，1918 年的国际形势非常不同。他确信帝国主义时代已经过去，西方已经从国际达尔文主义的悲剧性后果中吸取了教训。这也意味着中国的主权问题不再像世纪之交时那样紧迫。中国也许可以不受国家生存考虑的限制而追求普遍的、人类的目标。

1902 年和 1903 年之后，他之所以对他的自由主义理想进行了妥协，另一原因是他渴望具体的政治行动。他对中国现实的观察使他相信，自由主义方案迄今仍是不切实际的，他遵循"开明专制"的模式已经有十多年，这十多年以挫折而告终，他也随之放弃了自己活跃的政治生涯。他现在确信，需要更多的时间来发展中国现代政府的适当的先决条件。他再次思索应该是什么而非受限于什么。这种倾向反映了五四时期的普遍情绪。《中国人之自觉》的主要着力点最终集中于当时的中心问题：中华文明在现代世界的地位。梁对中国青年的教导是：一方面，他们必须避免听从那些说"西学都是中国所固有"的人，另一方面，他们同样必须怀疑那些"沉醉西风的，把中国什么东西都说得一钱不值"的人。梁指出的方向是："拿西洋的文明来扩充我的文明，又拿我的文明去辅助西洋的文明，叫他化合起来成一种新文明。"在中华文明中寻找"精髓"，则必须将其派生的时代条件与"根本精神"区分开来。中国的年轻人"第一步要人人存一个尊重爱护本国文化的诚意","第二步要用那西洋人研究学问的方法去研究它",最后"把自己的文化综合起来,还拿别人的辅助他,叫他起一种化合作用,成了一个新文化系统"。①梁自己将转向他的文化遗产,以补充他所陈述的自由主义理想。

在他生命的最后十年里,他把大部分精力都用在了研究中国历史之上。他写了一篇关于中国诗歌写作史的长文,详细评述孔尚任的《桃花扇》,以及诸如陶潜、朱舜水、戴震等人物的传记。②他最重要的三部思想史作品是《先秦政治思想史》《清代学术概论》《中国近三百年学术史》。③他还开始计划撰写《世界史稿》《国史稿》《中国通史稿》《中国文化史》。④在这一兴趣的全景中,他特别关注古典时期——除了研究古典政治思想,他还研究了个别学派和思想家,包括《老子哲学》《儒家哲学》《孔子》《墨经校释》。⑤他很清楚,他是带着对现在的关注来看待过去的。据他所说,历史研究的目的是"把过去的事

---

① 《中国人之自觉》,《饮冰室专集》,23:37。
② 《桃花扇注》,《饮冰室专集》,95。《中国之美文及其历史》,《饮冰室专集》,74。《陶渊明》,《饮冰室专集》,96。《朱舜水先生年谱》,《饮冰室专集》,96。《戴东原先生传》,《饮冰室文集》,40:40—52。
③ 《先秦政治思想史》,《饮冰室专集》,50(由 L. T. Chen 翻译为英文,*History of Chinese Political Thought during the Early Tsin Period*, London, 1930)。《清代学术概论》《中国近三百年学术史》,《饮冰室专集》,75。
④ 残缺草稿书目见《饮冰室专集》,1。《中国文化史》草稿大纲,见《饮冰室专集》,43。
⑤ 《老子哲学》,《饮冰室专集》,36。《儒家哲学》,《饮冰室专集》,103。《孔子》,《饮冰室专集》,36。《墨经校释》,《饮冰室专集》,38。

实重新估价",以赋予它"新的价值"。有两种价值,一种"有一时的价值,过时而价顿贱";一种"有永久的价值,时间愈久,价值愈见加增"。而后者必须被定义及重新评估其与当代之内在关系。①

他的历史研究的构成概念是在 1926—1927 年关于"如何研究中国历史"的系列讲座中确定的。他区分了三种学术史:一、主系。"主系是中国民族自己发明组织出来,有价值有权威的学派,对于世界文化有贡献的。"中国历史中的两个主系是先秦思想与宋新儒学。二、旁系。"旁系是外国思想输入以后,消纳他,或者经过民族脑筋里一趟,变成自己的所有物,乃至演成第二回主系的思想。"譬如六朝隋唐的佛学以及近代西方思想。三、闰系。"闰系是一个曾做主系的学派出来以后,继承他的,不过有些整理解释的工作。"此种类别的例子,如汉代到唐初对于先秦的学术发展,清代对于宋明理学的发展。②

梁随后将现代中国与宋明时期进行了类比。"宋明道术",他写道,"旁系发达到最高潮和过去的主系结婚,产生一新主系,这是宋明道术的现象"③。中国目前也有这种产生第三主系的要求,即将本土思想与吸收自西方的那些部分融合,因为现下正是西方作为第二旁系输入中国之时期。因此,当代中国人必须认真学习和理解西方思想,只有到那时他们才知道他们过去的学习是不够的。同时,仅靠西学还不足以解决中国问题。

---

① 《中国历史研究法补编》,《饮冰室专集》,99:9。参考《儒家哲学》,《饮冰室专集》,104:7。

② 同上书,99:144。

③ 同上书,99:145。

这样真正的相互作用才会产生新的东西。①

他自身或许处于可与二程及朱熹相比较的位置。他指出，朱熹和二程都多年研习佛法，"想在那方解决人生的究竟，但始终无从满足这欲望"。因此他们又重返先秦古典思想。"但已受有很深的影响，以后看先秦书籍时，就如带了望远镜或显微镜，没有东西的地方也变成有东西的了。"②梁想作的类比是显而易见的：他本人多年来一直沉浸在西方思想中，现在又回到了古典文本中，并在其中发现了新的东西。也许他也能把中国的知识分子世界带入一个新的主流，就像二程和朱熹所做的那样。

为了重新评估他的古典遗产，梁再次引用了他早在 1899 年就拒绝了的"公羊学说"。他说，《春秋》不仅是历史，而且包含了孔子的政治思想，必须阅读这一文本，因为它有"微言大义"。后者保存于《公羊传》《穀梁传》、董仲舒的《春秋繁露》以及何休所注《公羊传》中。正如《礼运》中所显示的，《春秋》的中心思想是"三代"，孔子的理想社会是"大同"。③

梁不是简单地回到 1898 年以前的思想位置。以前，孔子对他来说不仅有用，而且是真理。他现在转向这些相同的教义，主要是因为它们为重新评估古典遗产提供了阐释的灵活性。"我年轻的时候"，他写道，"我认为他们（公羊学派）的主张，便是孔子的真相，近来才发觉那种话，不过一种手段，乃是令思

---

① 《中国历史研究法补编》，《饮冰室专集》，99：150。
② 同上书，99：149。
③ 《孔子》，《饮冰室专集》，36：7—8, 43—44, 51。参考《先秦政治思想史》，《饮冰室专集》，50：78, 154。

想变化的桥梁"。①而梁，作为那座桥梁的设计者，可以在他认为合适的时候限制和引导交通。

他特别挑选出"仁"的价值。"仁"和"同情心"同一。所有的人对他们身边的人都自然感到同情。按照仁的方式行事，就是将这种同情心延伸到其他人身上，最终延伸到全人类。仁可以被动表达，也可以主动表达。它的被动形式遵循了这样的格言："其恕乎，己所不欲，勿施于人。"在其积极的形式中，它遵循了"夫仁者，己欲立而立人，己欲达而达人，能近取譬，可谓仁之方也已"，因为"立达人类即立达我也"。②

仁还代表着一种政治理想。政府的目的是"将国民人格提高"，"既有此同情心，即可藉之为扩充之出发点"。仁政的方法是教育，因为"政治即教育，教育即政治"。因此，大同理想的社会是每个人的"同情心"都发展到极致的社会。③

仁在当代世界的价值之一是它可以"调和""个人主义"和"公共精神"，两者之间的冲突是"现代世界共同之问题"。④梁又用了一个经典的比喻：杨朱主张极端的利己主义，墨子主张极端的自我牺牲，孔子通过"恕"将这两种立场"调和"起来——追求自身利益的人也会寻求满足他人的利益。⑤现代西方"彼欲以交争的精神建设彼之社会"，"仁的精神"则是强调

---

① 《儒家哲学》，《饮冰室专集》，103：70。
② 《先秦政治思想史》，《饮冰室专集》，50：64，68—69。
③ 同上书，50：72，83，163—164。参考《孔子》，《饮冰室专集》，36：72。
④ 《先秦政治思想史》，《饮冰室专集》，50：183—184。
⑤ 《孔子》，《饮冰室专集》，36：54—55。

让步与和解。①它同样适用于"国家主义"和"世界主义"的张力关系之中——仁的"精神"超越了国家的边界；其以和平主义谴责军事侵略。②由此，仁纠正了梁曾对达尔文主义的过度强调。

更直接相关的是，仁的思想表达之方式。梁认为，孔子"调和""利己主义"和"利他主义"这两种极端思想的方式体现在他的"中庸"思想特色之中。这种"中庸"意味着避免极端立场，"不偏走于两极端，常常取折衷的态度"③。它是建立在真理与自然的类比之上的。孔子"是最崇信自然法的人。他以为自然法的好处，因为自然界本身有自然的调和力"。并且，"'中庸'是效法他调和的结果"④。这是一种对真理的看法，认为真理是由许多不同的部分组成的：一些显然是相互冲突的，另一些显然是互补的，它们却以某种方式共同构成了更大的和谐整体，即自然。因此，一个人必须保持"天下"观，并避免完全认同一个或别个极端。梁甚至以《庄子》来支撑这一观点。根据他的说法，"天下"一章正确地指出了，在古典学派中只有儒家学派保留着"古人之全"，而其他学派无疑都是片面的，或者说只认识到了整体的一部分。⑤

在当代背景下，"中庸"本质上是"自由主义"的道路。梁认为，孔子始终认为两个极端的观点都包含着真理的一面，真

---

① 《先秦政治思想史》，《饮冰室专集》，50：88。
② 同上书，50：155—157。
③ 《孔子》，《饮冰室专集》，36：54。
④ 同上书，36：56—57。
⑤ 《〈庄子·天下篇〉释义》，《饮冰室专集》，77：2—4。

理和自然一样是多面性的，因此他对其他观点总是持宽容的态度。他从不独断或教条，而是一个"尊重思想自由的人"①。出于同样的原因，在政治行动中应用"中庸"意味着避免极端立场并占据"自由主义的"中心。梁再次使用了古典时期的比喻：道教徒与当今的无政府主义类似，占据了政治光谱的极左一段；法家与当今中央集权主义者相似，都是极右势力；儒家思想则占据了政治光谱的中心。②只有他们在人道政府以及"民为贵"的理想中瞥见了民主制度原则。他们理解"政为民政（of the people）""政以为民（for the people）"的政体含义，尽管他们尚没有掌握"政由民出"的政体概念。③

他是否把儒家思想延伸得太远了呢？不，梁坚持认为，因为孔子说的"时中"，应该理解为"就是从前际后际的两端求出个中来适用"。"中庸"一词，本身就表达了"中庸之道"的意思。而"时中"须参照孟子对孔子的提法予以理解，即"圣之时"——取"中庸之道""与时偕行"的圣人。事实上，"时中"包含了孔子思想的根本和"孔子学术的特色"。④

换句话说，梁试图在传统和现代之间架起的是连接儒学和自由主义的桥梁。这座桥梁只允许那些承诺支持或补充他所陈述的自由主义理想的车辆通行，而获得通行的主要交通工具是重新解释的"中庸（middle way）"。这个中间道路支持自由主义——它基于真理与自然的类比，因此支持理性的宽容和多样

---

① 《孔子》，《饮冰室专集》，36：56。
② 《先秦政治思想史》，《饮冰室专集》，50：64—65，151，217。
③ 同上书，50：4，151。
④ 《孔子》，《饮冰室专集》，36：58，54。

性;它要求避免极端立场,要求让步和妥协,由此支持自由主义政治的中心——渐进主义的立场。在梁看来,自由主义过分强调个人和国家的私利,而仁则在其中起到了平衡的作用。而且,在当时的思想问题的核心——中国文明在现代世界的地位——中庸之道主张一种融合的立场。它会缓和五四时期知识分子的情绪,他们对各种主义的狂热以及对极端的简单立场的偏执。通向中西文明冲突的中间道路是,每一种文明都代表着一个更伟大的真理的一面,就像阴阳构成的更大的整体——自然的一部分一样。

梁自己在五四时期的座右铭实际上就是中间道路。例如,在当时科学与玄学的论战中,①梁拒斥了他的两个年轻朋友张嘉森和丁文江的极端立场。张把科学等同于唯物主义,并声称应把中国文明归入玄学领域。②梁说,张把精神和物质分开是错误的。而另一方面,丁也错误地认为"用科学方法求出是非真伪,将来也许可以把人生观统一"。因此,"在君过信科学万能,正和君劢之过轻蔑科学同一错误"。梁自己的立场是他所认为的中庸之道——"人生关涉理智方面的事项,绝对要用科学方法来解决,关涉情感方面的事项,绝对的超科学"③。

---

① 关于论辩的全面的讨论,参见周策纵(Chow Ts'e-tsung)《五四运动史:现代中国的知识革命》(*The May Fourth Movement: Intellectual Revolution in Modern China*),第333—337页。更充分的讨论,参见郭颖颐《中国现代思想中的唯科学主义(1900—1950)》,第135—160页。

② 张君劢:《人生观》,载于《科学与人生观》(亚东图书馆,上海,1927),第9—10页。

③ 《人生观与科学:对于张丁论战的批评》,《饮冰室文集》,40:23—25。

1924年，他在一篇题为《非唯》的文章中总结了自己对新文化运动议题的立场。文中，他强调了人类生活的复杂性以及他的信仰，即真理不能由任何一种单一的主义来代表。在他看来，当时最重要的主义是"唯心主义"和"唯物主义"。前者否认物质条件的存在和影响，但人的精神实际上确实受自然、他人和遗传的限制和影响。至于后者，"关于遗传咧环境咧种种影响，乃至最狭义的以经济活动为构成文化的主要要素"，都包含了一部分真理。但"加上一个唯字"，则梁不能同意任何教条主义。①

与他同时代的吴稚晖指出，梁"一方面反对保守，另一方面又试图约束那些主张快速进步的人"。他认为这是实现他的"中间道路"的路径。②吴是在讽刺，但他对梁在五四思想光谱中的位置的描述无疑是正确的。不像中国中心论的辜鸿铭或刘师培，持西方文明无用论，梁选择重申他的自由主义价值观，并将其归结为西方文明真理的"一面"。值得赞扬的是，他避免了张君劢等人过于简单化的立场。张将科学与西方文明等同于唯物主义，把中国文明等同于玄学，与陈独秀、吴稚晖等对中华文明毫无用处的激进反传统者不同，梁的态度是调和的。由于当时的主流是反传统，梁选择把自己的主要定位放在文化革命者一方。

在五四时期的喧嚣中，梁实际上是少数几个冷静的声音之一。当其他人在炫耀他们新获得的思想时，梁致力于严肃的历

---

① 《非唯》，《饮冰室文集》，41：82—84。
② 吴稚晖：《吴稚晖文集》，第111页。

史研究，试图找到中国最需要的答案。当其他人准备满足于无所不包的灵丹妙药时，梁却坚持真理的复杂性和知识多样性的必要。在现代世界各种主义的大游行所引起的普遍混乱中，梁是少数几个呼吁耐心和时间的人之一。

但是，如果说他的清醒是他的力量，那也是他的弱点。他确信帝国主义时代已经过去，因此把民族主义问题放在次要地位。但是中国还没有面对其现代历史上最大的帝国主义挑战——日本侵华，在20世纪20年代和30年代，国家生存的紧迫性实际上比19世纪90年代更大。当务之急是将现代化的思想与足够的军事力量有效地结合起来，以实现国家统一和现代化计划的实施。

事实上，20世纪20年代中国的思想世界早已与他擦肩而过。许多思想家开始关注社会和经济问题，但梁却坚持强调人的精神和态度。他对阶级分析不屑一顾，认为中国没有类似西方的阶级划分，资本家和劳动者之间未来可能发生的冲突可以通过合作精神和中间道路来解决。他也不能理解一些关于社会组织的新思想。他的自由主义承诺提出的社会工程令人难以想象，他所能提供的无非是耐心和教育。他把共产主义意识形态简单地斥为反映"己所不欲，勿施于人"的道德这种粗糙的唯物主义。他不能理解共产主义计划作为组织和革命工具的有效性。具有讽刺意味的是，恰恰是毛泽东比任何人都更好地继承了梁的核心洞察，那就是一个崭新的、现代的中国最根本的必要条件就是一种新型的中国人。所不同的是，毛的"新民"不是由自由和"中间道路"创造的，而是由激进的革命创造的。

第八章

近代中国自由主义

后见之明告诉我们梁启超的自由主义计划的失败，但我们不应该忽视该计划对中国知识分子的巨大吸引力。从19世纪90年代到20世纪10年代的近30年，自由主义理想在中国知识分子和政治舞台的聚光灯中占据了焦点。在19世纪90年代以寻求制度变革作为民族生存方法的改革者中，自由民主政府的理想赢得了第一批拥护者。在20世纪的前十年里，它继续受到改革者和革命者的拥护。康有为和孙中山在变革的方式上有激烈的分歧，但是他们对宪政和代议制政府的信仰是大同小异的。1911年辛亥革命刚刚结束时，中国选择通过宪法和议会手段来解决分裂的权力利益问题，自由主义运动的吸引力达到了顶峰。尽管随着议会政府被证明无法完成既定的任务，政党政治很快名誉扫地，"民主"仍然成为知识分子革命的战斗口号，并继续得到许多中国知识分子的拥护。到1920年，自由主义作为一种政治力量已经不再具有重要意义，但是后来的中国政府仍然希望保持"民主政府"的形象。事实上，20多年来，中国很多人都在梦想着自由民主。

梁启超无疑是他那个时代最雄辩、最有影响力的自由主义纲领的代言人。他的故事讲述了近代中国自由主义的特征，以及它作为20世纪中国政治行动指南的优缺点。

梁的自由主义是儒家、明治日本和西方思想的混合体，所有这些都是根据他个人的喜好和关注重新加以阐释的思想。这不仅仅是对西方的移植——基于对他的"儒家传统"的理性拒绝和对西方价值观及其思想的简单拥护。因为在梁看来，中国和西方并不是相互排斥的整体，它们各自都是在其范围内的复杂的理智选择。在梁的头脑中，其持久性的儒家偏好认为人的道德和态度远比其他一切更重要，公羊思想在塑造他的思想上所起的作用，既表明构成梁的儒家传统的复杂思想的支配力，同时也显示其适应性。因为儒家思想作为一种思想体系并不是固定的量——它可能导向张之洞的改良主义方向，或章炳麟的激进主义革命方向，或刘师培的中国中心方向，或者许多其他方向，当然也可以导向梁启超的自由主义方向。梁对明治日本影响的接受和他对西方思想的选择性使用，都同样地证明了"西方影响"这一范畴的不足。事实上，从大范围的西方和明治日本的思想选择中，梁走出了自己的思想道路，同时根据自己的喜好对这些思想进行了重新诠释，就像他对儒家思想所做的那样。

构成他的自由主义的混合体本身也是一种动态的、不断变化的思想，在其中，不同的成分不断相互作用、相互改造。譬如，在19世纪90年代早期，儒家公羊思想成为他理智中最忠诚拥护的对象，但他对"思想自由"的恪守使他很快拒绝了康有为的教条主义主张。在20世纪10年代末及以后，他只把公羊学戒律当作一种手段，一种允许他以最大灵活性重新诠释儒家以适应他自己调和目的的方法。然而，与此同时，第一次世界大战的浩劫和五四知识革命者的极端主义倾向促使他重新强调了他所认为的儒家折中、融合的基本取向。他对他早期从社会达尔文主义中接受的国家和自我主张的信息，作了相当的限制。下面将讨论的其他变化，来自他的民族主义和自由主义关切之间的相互拖拽，源于他的理想和可观察到的现实之间的巨大差距、他的抱负与政治行动的紧急状态之间的强烈张力。

他的自由主义计划的核心是"新民"理念,这是一种融合了各种不同思想影响的理念——梁的儒家思想强调人的道德和态度高于一切;他对"思想自由"这一古典自由主义理想的依恋,由于他自身反复无常的理智气质,他很容易认同这一理想;一个可以追溯到19世纪90年代的假设,即自由民主将是追求国家力量最有效的途径;日本明治时期流行的一种思想,觉醒的国民将为自由民主和国力产生必要的社会能量;以及日本和西方关于古典自由主义的道德和价值观的各类著作。"新民"的基础是这样一种假设,即任何变革计划都必须经由人民的态度和价值观的现代化开始。梁特别呼吁一个自由的、民族主义的、积极的"新民",他们还将拥有其他各种道德和态度上的属性,那些他认为是现代公民所必需的属性。按照他的理解,这样的公民不仅能保证自由民主政府的实现,而且能够确保一个强大的新中国的实现。

和他的自由主义思想一样,梁的行动方式也是新旧元素的混合。他为自己设想了两个不同的角色,分别以他的政治小说《新中国未来记》中的黄克强和李去病为代表。李是一名理想主义的革命家,他要唤醒人民,领导人民进行一场自发的革命。黄是一位精明而务实的政治家——现代政党政治家和得君而治的儒家政治家的结合体。黄是一个试图在现有可能范围内改良中国而遵循权力游戏规则的人。1903年及以前,梁的自我观念主要是李去病。从1903年到1917年,他主要以黄克强的自我形象为导向。

这样一个自我认同的弱点在梁自己的经历中得到了最好的

反映。即使他试图扮演李去病的角色,他也无法长久地避免这样一种认识——他的"新民"不可能一夜之间创造出来,充其量只是一个遥远的理想而已。可见的现实使他相信,李去病的目标是不现实和不成熟的。

在梁看来,国家生存的迫切需要不是革命的毁灭,而是加强现有的中央政府。因此,他最终转向了黄克强的行动模式。他尽可能多地在国内号召新的国会力量,但他太现实了,不会把所有的希望仅仅寄托在这些力量上。他认识到掌握权力的人是那些控制军队的人,因此,他试图获得军事强人的信任,并设法通过说服和他可能施加给国会的压力来引导军事强人走向自由民主和现代化的道路。这些思想构成了他在 1903 年以后反对革命者,以及后来与袁世凯和段祺瑞合作的基础。他的努力为后来的一些自由民主人士提供了先例——仅举几个例子:1917 年康有为与张勋的联盟、孙逸仙试图与南方军阀的合作,以及 1922 年"第一流内阁"的实验。

但是,在共和国的强权政治舞台上,仅靠宪法力量和说服手段只能是一条薄弱无力的思路而已。到了 20 世纪 20 年代,像孙中山和毛泽东这样的人纷纷转向一种不同的权力和行动模式中——组织严密的政党、群众组织以及一个政党军队。20 世纪 20 年代及以后,是国民党,更是中国共产党,成功地将意识形态和权力结合起来。他们要控制中国的命运。然而,梁却无法这样去思考。他的自由主义和儒家思想倾向于妥协和调和,以及他个人对思想自由的偏爱,使他不愿意考虑用教条的意识形态来思考。他退回他的自由主义—儒家的教育计划,去着手创造"新民"。他坚持"新民"可以通过教育逐步培养,而一旦得以实现,那么"新民"将以某种方式产生必要的权力,从而将他的理想转化为现实。

  这是一个茫然的希望。到了 20 世纪 20 年代,自由主义进程从中国思想界和政界的聚光灯下消失了。许多想要追随它的人转向了其他道路,或者完全退出了政治舞台。尽管如此,梁坚信中国的现代化必须从转变人们的态度和价值观开始,这一信念仍然深刻影响着后来的中国思想。20 世纪 20 年代及以后的知识分子对中国公民的正确的价值观和态度产生了不同的设想,而这一探究仍是为了寻求更有效地塑造"新民"的方法。

附 录

词汇表

A

"Ai-kuo lun" 爱国论
Asahi shinbun 《朝日新闻》

B

baai 场合
bungaku 文学
bunmei 文明

C

Ch'a-k'eng 茶坑
Chang Chi 张继
Chang（Carsun）Chia-sen（Chün-mai）张嘉森（君劢）
Chang Chien 张謇
Chang Chih-tung 张之洞
Chang Hsün 张勋
Chang P'eng-yüan 张朋园
Chang Ping-lin 章炳麟
Chang Shao-tseng 张绍曾
Chang Tsung-hsiang 章宗祥
ch'ang-ho 场合
Chen Kao-huang 《箴膏盲》
Ch'en Kuo-yung 陈国镛
Ch'en Meng 陈猛
Ch'en Pao-chen 陈宝箴
Ch'en San-li 陈三立
Ch'en T'ien-hua 陈天华
Ch'en Tu-hsiu 陈独秀
Ch'en T'ung-fu 陈通甫
Cheng Chen-to 郑振铎
"Cheng-chih-hsüeh hsüeh-li chih-yen" 《政治学学理摭言》
"Cheng-chih-hsüeh ta-chia Po-lun-chih-li chih hsüeh-shuo"《政治学大家伯伦知理之学说》
cheng-fu 政府
"Cheng-fu ta-cheng fang-chen hsüan-yen shu"《政府大政方针宣言书》
Cheng Hsiao-hsü 郑孝胥
Cheng Hsüan 郑玄
"Cheng-li lan-fa chih-pi yü li-yung kung-chai"《整理滥发纸币与利用公债》
Cheng-lun 政论
Cheng-wen She 政闻社
chi-chiu 祭酒
Chi Chung-yin 籍忠寅
"Chi Tung-ching hsüeh-chieh kung-fen

shih"《记东京学界公愤事并述余之意见》
Ch'i fei-chi《起废疾》
chia-chih 价值
"Chia-jen ch'i-yü"《佳人奇遇》
Chiang Fang-chen 蒋方震
Chiang Kuan-yün 蒋观云
ch'iang-chüan 强权
Ch'iang-hsüeh Hui 强学会
"Chiao-she hu ming-ling hu" 交涉乎命令乎
"Chih Chi Liang-chi, Ch'en Yu-su, Hsiung T'ieh-yai, Liu Hsi-t'ao shu"《至籍亮侪、陈幼苏、熊铁厓、刘希陶书》
chih-p'ei 支配
chin-ch'ü mao-hsien 进取冒进
Chin-pu Tang 进步党
Chinrinshi 沈伦士
"Chin-shih wen-ming ch'u-tsuerh ta-chia chih hsüeh-shuo"《近世文明初祖二大家之学说》
Ch'in Li-shan 秦力山
ch'in min 亲民
ching-shen 精神
Ching Ti 景帝
"Ch'ing-i pao hsü li"《〈清议报〉叙例》
"Ch'ing-i pao i-pai ts'e chu-tz'u"《〈清议报〉一百册祝辞,并论报馆之责任及本馆之经历》
"Ch'ing-tai hsüeh-shu kai lun"《清代学术概论》
Chōsen Gumi 朝鲜帮

Chou Hung-yeh 周宏业
Ch'ou-an Hui 筹安会
ch'ou-hsiang 抽象
Chu Hsi 朱熹
chu-hsi 主系
chu-i 主义
Chu-ke Liang 诸葛亮
Chu Shun-shui 朱舜水
"Chu Shun-shui hsien-sheng nien-p'u"《朱舜水先生年谱》
chü-jen 举人
chü-lo-pu 俱乐部
ch'uan-wen chih shih 传闻之世
"Ch'üan hsüeh p'ien"《劝学篇》
Chuang-tzu 庄子
"*Chuang-tzu t'ien-hsia p'ien* shih i"《〈庄子·天下篇〉释义》
Chuang Ts'un-yü 庄存与
Ch'un-ch'iu cheng-tz'u《春秋正辞》
chün-ch'üan 君权
Ch'ün chi ch'üan-chieh lun《群己权界论》
Chung-hua Ke-ming Tang 中华革命党
Chung-hua Min-kuo Lien-ho Hui 中华民国联合会
Chung-i Yüan 众议院
"Chung-Jih tsui-chin chiao-she p'ing-i"《中日最近交涉平议》
"Chung-Jih wen-hua chih chiao-liu"《中日文化之交流》
"Chung-kuo chih mei-wen chi ch'i li-shih"《中国之美文及其历史》

"Chung-kuo chin san-pai nien hsüeh-shu shih"《中国近三百年学术史》
"Chung-kuo huo-pi wen-t'i"《中国货币问题》
"Chung-kuo-jen chih tzu-chüeh"《中国人之自觉》
"Chung-kuo kuo-hui chih-tu ssu-i"《中国国会制度私议》
"*Chung-kuo li-shih yen-chiu-fa* pu-pien"《中国历史研究法补编》
chung-yung 中庸
chūshō 抽象

D

dōbun 同文
dokuritsu jison 独立自尊
dōshu 同种

E

Enoshima 江之岛

F

Fa mo-shou《发墨守》
fan-tung 反动
"Fei wei" 非唯
Feng Kuo-chang 冯国璋
Feng Tzu-yu 冯自由
fu-ch'iang 富强
Fukuzawa Yukuchi 福泽谕吉

H

Hai-chu affair（shih-pien）海珠事变
handō 反动
Han-shüeh 汉学
Han Kei 范卿
Han Wen-chü 韩文举
Hirayama Shū 平山周
ho-ch'ün 合群
Ho Hsiu 何休
hōjū hiretsu 放纵卑劣
Ho Sui-t'ien 何穗田
hsi 系
Hsi-cheng ts'ung-shu "西政丛书"
"Hsi-cheng ts'ung-shu hsü"《"西政丛书"序》
"Hsi-hsüeh shu-mu piao hou hsü"《〈西学书目表〉后序》
"Hsi-hsüeh shu-mu piao hsü li"《〈西学书目表〉序例》
Hsia Tseng-yu 夏曾佑
Hsiang-hsüeh hsin-pao《湘学新报》
hsiao-k'ang 小康
"Hsien-cheng ch'ien shuo"《宪政浅说》
Hsien-cheng Shang-chüeh Hui 宪政商榷会
Hsien-cheng Tang 宪政党
Hsien Ch'in cheng-chih ssu-hsiang shih《先秦政治思想史》
Hsien-yu Hui 宪友会
Hsin ch'ing-nien《新青年》

"Hsin Chung-kuo wei-lai chi"《新中国未来记》
Hsin-hsüeh wei-ching k'ao《新学伪经考》
Hsin-hui 新会
hsin-min 新民
"Hsin-min shuo"《新民说》
"Hsin shih-hsüeh"《新史学》
"Hsin ta-lu yu-chi chieh-lu"《新大陆游记节录》
hsin-wang 新王
hsing-chih 形质
Hsing Chung Hui 兴中会
hsing-shih 行事
"Hsiung-chia-li ai-kuo-che Ko-su-shih chuan"《匈加利爱国者噶苏士传》
Hsiung Hsi-ling 熊希龄
Hsü Chi-yü 徐继畬
Hsü Ch'in 徐勤
Hsü Fo-su 徐佛苏
Hsü Hsin-liu 徐新六
"Hsü i *Lieh-kuo sui-chi cheng-yao* hsü"《续译〈列国岁计政要〉叙》
Hsüeh-hai T'ang 学海堂
hsüeh-hsiao 学校
hsün-ku 训诂
Hsün-tzu 荀子
Hu Han-min 胡汉民
Hu Shih 胡适
Huang Hsing 黄兴
Huang K'e-ch'iang 黄克强
Huang Su-ch'u 黄溯初
Huang Tsun-hsien 黄遵宪

Huang Tsung-hsi 黄宗羲
Huang Wei-chih 黄为之
hui 会
Hui-chou（Waichow）惠州

I

I-k'ung 奕劻
Ichiko Chūzō 市古宙三
Inugai Tsuyoshi 犬养毅
Ishida Takeshi 石田雄
i-shih 议事
i-shih chih jen 议事之人
"I-ta-li chien-kuo san chieh chuan"《意大利建国三杰传》
"I tsai suo-wei kuo-t'i wen-t'i che"《异哉所谓国体问题者》
i-wu ssu-hsiang 义务思想
i-yüan 议院

J

jen 仁
jen-cheng 仁政
jen-hsi 闰系
Jen-kung 任公
jen-min 人民
"Jen-sheng kuan"《人生观》
"Jen-sheng kuan yü k'e-hsüeh: tui yü Chang Ting lun-chan te p'i-p'ing"《人生观与科学：对于张丁论战的批评》
Jih-pen kuo chih《日本国志》
jichi 自治

jiyū 自由
"Ju-chia che hsüeh"《儒家哲学》

K

kagaku 科学
k'ai-ming 开明
k'ai-ming chuan-chih 开明专制
"K'ai-ming chuan-chih lun"《开明专制论》
Kajin no kigu《佳人奇遇》
kakkan 客观
kakumei 革命
K'ang Yu-wei 康有为
k'ao-cheng 考证
Kashiwabara Buntarō 柏原文太郎
Katō Hiroyuki 加藤弘之
Kawakami Hajime 河上肇
ke-ming 革命
k'e-fu 克服
k'e-hsüeh 科学
k'e-kuan 客观
K'e-lu Faction（P'ai）客庐派
Keikoku bidan《经国美谈》
kokkagaku 国学派
kokufuku 克服
Konoe Atsumaro 近卫笃麿
Kōren 红莲
Ku Chieh-kang 顾颉刚
Ku Hung-ming 辜鸿铭
"Ku i-yüan k'ao"《古议院考》
ku-jen chih ch'üan 古人之全
Ku-liang Commentary（chuan）《榖梁传》
Ku-liang fei-chi《榖梁废疾》
Ku-shih pien《古史辨》
Kuan Chung 管仲
"Kuan-tzu chuan"《管子传》
"Kuang-hsi chih ke-sheng t'ung-tien"《广西致各省通电》
Kuang-wu Ti 光武帝
Kung-ho Chien-she T'ao-lun Hui 共和建设讨论会
Kung-ho Tang 共和党
Kung-te 公德
Kung Tzu-chen 龚自珍
Kung-yang 公羊
K'ung Hung-tao 孔弘道
K'ung Shang-jen 孔尚任
"K'ung-tzu" 孔子
K'ung-tzu kai-chih k'ao《孔子改制考》
k'ung-yen 空言
kuo-chia 国家
Kuo-hui 国会
"Kuo-hui chih tzu-sha"《国会之自杀》
Kuo-min Hsieh-chin Hui 国民协进会
"Kuo-min shih ta yüan-ch'i lun"《国民十大元气论》
Kuomintang 国民党
"Kuo-t'i chan-cheng kung-li t'an"《国体战争躬历谈》
kyōken 强权

L

Lan T'ien-wei 蓝天蔚
"Lao-tzu che-hsüeh"《老子哲学》
li 隶
"Li-chi yü ai-t'a"《利己与爱他》
Li Ching-t'ung 李敬通
Li Ch'ü-ping 李去病
Li Ch'ün 李群
Li Hung-chang 李鸿章
Li Lieh-chün 李烈钧
Li Ping-huan 李炳寰
Li Tuan-fen 李端棻
Li Yüan-hung 黎元洪
"Li yün"《礼运》
Liang Ch'i-ch'ao 梁启超
Liang Ch'i-t'ien 梁启田
Liang Pao-ying 梁宝瑛
Liang Ping-kuang 梁炳光
Liang Shih-i 梁士诒
Liang Wei-ch'ing 梁维清
Lin Ch'ang-min 林长民
Lin Kuei 林圭
Lin Tse-hsü 林则徐
Liu Ch'ung-chieh 刘崇杰
Liu Feng-lu 刘逢禄
Liu Hsin 刘歆
Liu Shih-p'ei 刘师培
Lo Jun-nan 罗润楠
"Lo-lan fu-jen chuan"《罗兰夫人传》
"Lo-li chu-i t'ai-tou Pien-hsin chih hsüeh-shuo"《乐利主义泰斗边沁之学说》
Lo P'ei-chin 罗佩金
Lo P'u 罗普
Lo Tsai-t'ien 罗在田
Lu Jung-t'ing 陆荣廷
"Lu-so hsüeh-an"《卢梭学案》
Luan-chou 滦州
"Lun cheng-fu yü jen-min chih ch'üan-hsien"《论政府与人民之权限》
"Lun chin-shih kuo-min ching-cheng chih ta-shih chi Chung-kuo ch'ien-t'u"《论近世国民竞争之大势及中国前途》
"Lun chün-cheng min-cheng hsiang-shan chih li"《论君政民政相嬗之理》
"Lun Chung-kuo chih chiang ch'iang"《论中国之将强》
"Lun Chung-kuo hsüeh-shu pien-ch'ien chih ta-shih"《论中国学术思想变迁之大势》
"Lun hsiao-shuo yü ch'ün-chih chih kuan-hsi"《论小说与群治之关系》
"Lun hsüeh Jih-pen-wen chih i"《论学日本文之益》
"Lun shang-yeh hui-i-suo chih i"《论商业会议所之益》
"Lun tzu-tsun"《论自尊》
Lung Chi-kuang 龙济光

M

Ma Liang 马良

Mai Chuang-hua 麦仲华
Mai Meng-hua 麦孟华
Mao Tse-tung 毛泽东
Meirokusha 明六社
"Meng-hsüeh pao Yen-i pao ho-hsü"《〈蒙学报〉〈演义报〉合叙》
mibun 身份
min-ch'i 民气
min-chu 民主
Min-chu Tang 民主党
min-ch'üan 民权
"Min-kuo ch'u-nien chih pi-chih kai-ke"《民国初年之币制改革》
Min-pao《民报》
min-pen 民本
Min She 民社
min-tsu ti-kuo chu-i 民族帝国主义
"Ming-i tai-fang lu"《明夷待访录》
Miyazaki Torazō (Tōten) 宫崎寅藏（滔天）
"Mo-ching chiao-shih"《墨经校释》
Mo-tzu 墨子

N

Nakamura Masanao 中村正直
Nan-hsüeh Hui 南学会
Neng-tzu 能子
nien-p'u 年谱
"Ni fa-hsing kuo-pi hui-tui-chüan shuo-t'ieh"《拟发行国币汇兑券说帖》
Nishihara Kamezō 西原龟三

O

Okuma Shigenobu 大隈重信
Oshima 大岛
Ou Chü-chia 欧榘甲
"Ou yu hsin-ying lu"《欧游心影录》

P

pai-hua 白话
p'ai 派
p'ang-hsi 旁系
pao-chiao 保教
"Pao-chiao fei suo-i tsun K'ung-tzu lun"《保教非所以尊孔论》
Pao-huang Hui 保皇会
Peiyang 北洋
"Pi-chih t'iao-i"《币制条议》
"Pi-chih t'iao-li li-yu shu"《币制条例理由书》
"P'i fu-p'i lun"《辟复辟论》
"Pien-fa t'ung-i"《变法通议》
ping-ch'en chü-lo-pu 丙辰俱乐部
"P'ing-chün p'ien"《平均篇》
po Hu T'ung 白虎堂
"Po K'ang Yu-wei chih tsung-t'ung tsung-li shu"《驳康有为致总统总理书》
Po Wen-wei 柏文蔚
p'o-huai 破坏
pu-tang chu-i 不党主义
P'u-chün 溥儁

P'u-i 溥仪
P'u Tien-chün 蒲殿俊

S

san-shih 三世
"San-shih tzu-shu"《三十自述》
san-t'ung 三统
Setchūbai《雪中梅》
shakai 社会
Shan-ch'i (Prince Su) 善耆 (肃亲王)
Shanhaikwan 山海关
she 社
she-hui 社会
shen-fen 身份
Shen pao《申报》
Shen Ping-k'un 沈秉堃
sheng-p'ing 升平
sheng-yüan 生员
Shiba Shirō 柴四郎
shihai 支配
shih-chieh chu-i te kuo-chia 世界主义的国家
shih-chung 时中
Shih-wu Hsüeh-t'ang 时务学堂
Shōda Kazue 胜田主計
shou-hsü 手续
shu 恕
shuai-luan 衰乱
shugi 主义
su-wang 素王
Suehiro Tetchō 末广铁肠
Sun Hung-i 孙洪伊
Sun Mei 孙眉
Sun Yat-sen (Wen) 孙逸仙 (文)
Sung Chiao-jen 宋教仁
suo-chien chih shih 所见之世
suo-wen chih shih 所闻之世
ta-chuan 大篆
"Ta mou-chün wen Jih-pen chin-chih chiao-k'e-shu shih"《答某君问日本禁止教科书事》

T

Ta-t'ung shu《大同书》
Tai Chen 戴震
Tai K'an 戴戡
"Tai Tung-yüan hsien-sheng chuan"《戴东原先生传》
t'ai-hsüeh 太学
t'ai-p'ing 太平
Takasugi Shinsaku 高杉晋作
Tan Hsi-yung 谭锡镛
Tan Ssu-t'ung 谭嗣同
T'an Yen-k'ai 谭延闿
T'ang Chi-yao 唐继尧
T'ang Chüeh-tun 汤觉顿
T'ang Hua-lung 汤化龙
T'ang Shou-ch'ien 汤寿潜
T'ang Ts'ai-ch'ang 唐才常
T'ao Ch'ien (Yüan-ming) 陶潜 (渊明)
"T'ao-hua shan chu"《桃花扇注》
T'ao-yüan Faction (P'ai) 韬园派
"T'ao Yüan-ming"《陶渊明》

tenpu jinken 天赋人权
tenshoku 天职
Terauchi Masatake 寺内正毅
tetsuzuki 手续
t'ieh-k'uo 帖括
T'ieh-liang 铁良
t'ien-hsia 天下
T'ien Pang-hsüan 田邦璇
T'ien-yen lun《天演论》
ting-chang 定章
Ting Wen-chiang 丁文江
Tōa Dōbun Kai 东亚同文会
Tōa Kai 东亚会
Tōkai Sanshi 东海散士
Tōkyō Senmon Gakkō 东京专门学校
Tsai-feng 载沣
Tsai-i 载漪
tsai-i 灾异
Tsai-t'ao 载涛
Tsai-tse 载泽
Ts'ai Chung-hao 蔡忠浩
Ts'ai O 蔡锷
Ts'an-i Yüan 参议院
Ts'ao Chü-jen 曹聚仁
Tseng Kuo-fan 曾国藩
tso hsin-min 作新民
Tso-shih ch'un-ch'iu《左氏春秋》
Tso-shih kao-huang《左氏膏肓》
"Ts'ung-chün jih-chi"《从军日记》
"Tu Jih-pen shu-mu chih shu hou"《读〈日本书目志〉书后》
"Tu Jih-pen Ta-wei Po-chüeh K'ai-kuo wu-shih nien shih shu hou"《读日本大隈伯爵〈开国五十年史〉书后》
"Tu-li lun"《独立论》
Tuan Ch'i-jui 段祺瑞
Tuan-fang 端方
Tung Chung-shu 董仲舒
t'ung-ching chih-yung 通经致用
t'ung-ch'ing hsin 同情心
T'ung-i Tang 统一党
"T'ung ting tsui-yen"《痛定罪言》
Tzu-cheng Yüan 资政院
tzu-chih 自治
tzu-hsin 自新
Tzu-i Chü 谘议局
Tzu-jen 子任
Tzu-li Hui 自立会
tzu-tsun 自尊
tzu-yu 自由
Tzu-yu shu《自由书》
"Tz'u ssu-fa tsung-chang chih ch'eng-wen"《辞司法总长职呈文》

W

"Wai-chai p'ing-i"《外债平议》
"Wai-chiao fang-chen chih-yen"《外交方针质言》
Wan-kuo kung-pao《万国公报》
Wan-mu Ts'ao-t'ang 万木草堂
Wang An-shih 王安石
Wang Ching-ju 王镜如
"Wang Ching-kung" 王荆公
Wang Ching-wei 汪精卫

Wang Fu-chih 王夫之
Wang K'ang-nien 汪康年
Wang Mang 王莽
Wang Ta-hsieh 汪大燮
Wang Yang-ming 王阳明
wei-hsin 维新
wei-yen ta-i 微言大义
Wei Yüan 魏源
wen-hsüeh 文学
wen-hua 文化
wen-ming 文明
wen-yen 文言
Wu Chih-hui 吴稚晖
Wu Hsiang-hsiang 吴相湘
Wu Lu-chen 吴禄贞
Wu Ti 武帝
Wu T'ing-fang 伍廷芳

Y

Yamada Ryōsei 山田良政
Yang-chou shih-jih chi《扬州十日记》
Yang Chu 杨朱
Tang Tu 杨度
Yang Wei-hsin 杨维新
Yano Fumio（Ryūkei）矢野文雄（龙溪）

Yen-chiu Hsi 研究系
Yen Fu 严复
Yen Hsi-shan 阎锡山
Yin-ping shih chuan-chi《饮冰室专集》
Yin-ping shih wen-chi《饮冰室文集》
yin-yang 阴阳
Ying-huan chih lüeh《瀛寰志略》
Yoshida Shin 吉田晋
Yoshida Shōin 吉田松阴
yu-sheng lieh-pai 优胜劣汰
yu-ssu 有司
"Yü chih pi-chih chin-yung cheng-ts'e"《余之币制金融政策》
Yü-chün 毓鋆
"Yü pao-kuan chi-che t'an-hua"《与报馆记者谈话》
"Yü Yen Yu-ling hsien-sheng shu"《与严幼陵先生书》
yüan-ch'i 元气
Yüan K'e-ting 袁克定
Yüan Shin-k'ai 袁世凯
Yūran 幽兰

参考书目

文献综述

在现代中国，很少有人像梁启超那样受到如此多的学术关注。接下来的书目虽然并不全面，但包含了 28 部不同方面的学术论著，涉及梁的生活和思想。这些研究的跨度从 20 世纪 20 年代末直至现在。

对现存的有关梁启超的研究进行划分的一个有用的方法是参照丁文江的《梁启超年谱长编》，1958 年首次出版的三卷集传记资料。丁文江的《梁启超年谱长编》几乎是任何传记作家的梦想——它包含了数千封梁的信件，根据胡适的介绍，这些信件是从"近万封"信件中摘录出来的。这些材料以丁敏锐的评论为首，按时间编排。这些书信使我们更接近梁启超——他的情感，他的个人思想和个人关系，以及他所卷入的复杂事件，等等。它们也使得 1958 年以前关于梁的许多研究都显得过时了。

已故的约瑟夫·列文森（Joseph R. Levenson）教授的《梁启超与中国近代思想》于 1953 年首次出版。它的主要贡献不在于学术，而在于它提出的关于"近代中国思想"的具有煽动性和争议性的假设。该研究提出了一个老生常谈的问题——"情感上依赖东方，理智上致力于西方"——一个极显老练和雄辩的问题。在这项研究中，梁是一个不断试图挽救自己作为中国人的自豪感的人，他为自己的传统辩护，极力地宣称中国文明与西方文明的等价性或优越性——他努力着，用这本书中的话来说，"试图缓和历史与价值之间的冲突"。我记得，当我还是一名研究生时，我被这个简明的想法和这本书闪耀的光辉弄得眼花缭乱。

只有当我被要求从这些闪光的地方寻找具体的证据、确凿的资料以及精确的思想时，我才开始质疑它作为梁启超研究的价值。这个假设是不是太简洁了？为什么当我自己阅读梁启超的作品时，我没有发现他的情感和理智之间的持续冲突？与之相反，一个完全不同的画面出现了。虽然列文森将梁1898年的思想描述为"已经在理智上疏离了他的传统，但在情感上仍然与之相联系"，但梁在那一时期的作品明确地表明，他仍然与康有为的公羊学紧密地联系在一起。列文森描述1898年之后的梁启超同样处于理智与情感依赖的冲突之中，仍然是一位饱受这种思想矛盾折磨的人，但是他所举的证据实际上恰恰显示了与之不同的矛盾：梁对一个强大的国家和自由民主愿望之间的矛盾，以及改良和革命之道路选择的矛盾。列文森完全忽略了梁启超在1902年和1903年思考这些问题时所发生的深刻而复杂的思想变化。当列文森再次证明梁启超后期采用"精神东方""物质西方"的过分简化的辩护模式时，如果粗略地看一下梁在那个时期的作品，就会发现他显然不需要使用这样一个模式，而他仍然保持着自由主义理想。从那以后，我开始完全不同意列文森的解释，但我仍然感激他的书带给我的令人振奋的挑战。

在这样一个附注中引发争论，列举和论证那本书中许多事实乃至阅读中的错误，都是毫无意义的。接下来的讨论将提出一些已经被广为使用的其他方法，并指出列文森的研究中那些已经被取代的主要领域。

与《梁启超与近代中国思想》形成鲜明对比的是萧公权教授《中国政治思想史》中有关梁启超的47页的章节，该书于

1946年首次出版。人们可能会被整部作品的全景式视野所引导，期望对个别思想家作粗略的处理，但这些章节本身实际上就是针对具体思想家的专门研究。关于梁的这一章是基于对梁的著作如此透彻的研究、如此细致的史料梳理和审慎的解释，因此它仍然被认为是对梁政治思想最权威的简要论述。虽然在过去20年里，关于梁的新证据已经积累了很多，但我仍然未发现其与该研究有何实质性分歧。萧教授是第一个强调自由主义在梁启超思想中的决定性、重要性的人。

另一篇有价值的论文是郑振铎在梁去世后不久撰写的。郑与梁私交甚好，而且几乎是同代人。他的文章仍然是有关梁启超个人生活、思想最好的简练的述评。郑是第一个对梁的生平进行分期的人，他的分期也成为此后的研究标准，尽管他和列文森一样都忽略了梁在1902年和1903年间思想上的深刻变化。郑同时也是第一个强调"新民"在梁启超思想中核心重要性的学者。

如果不提到两位日本学者中村忠行和小野川秀美的杰出贡献，就不可能完整地讨论1958年前的梁启超研究。中村教授在20世纪40年代的著作中详细考察了日本对梁启超文学作品的影响，并全面开辟了日本对中国现代文学影响的研究领域。小野教授着重研究了1896年至1903年期间社会达尔文主义对梁思想的决定性影响。这是一篇拓荒性的论文，尽管分析得不够精确，并且小野忽略了明治日本思想家在梁形成进化论思想中所起的作用。

在以丁文江《梁启超年谱长编》为资料基础的研究中，影响最大的是张朋园的《梁启超与清季革命》。张的著作显示了梁启超的思想在1898年之前就已经离开了康有为的思想，并且比以往的研究更详细地论述了梁在1911年之前的行为和思想。它试图量化梁启超在促成革命方面所起到的作用。张的另一个贡献是，《立宪派与辛亥革命》广泛地引用了《宪史》，令人信服地表明组成各省议会的立宪主义者绝大多数来自旧的士绅统治阶级。这部重要的著作也为详细研究革命前和革命中每个省的权力结构及史实奠定了基础。史扶邻的《孙中山与中国革命的起源》详细描述了革命者与梁之间的早期关系。杨（Ernest Young）的《作为共谋的改良者：梁启超与辛亥革命》主要在《梁启超年谱长编》的资料基础上，对1911年后期梁的政治活动作了最详尽的叙述。张灏的短文《梁启超与19世纪晚期思想变迁》含蓄地指出了梁在19世纪20年代所面临的儒家选择的复杂性。

尽管史华慈的《寻求富强：严复与西方》并没有直接涉及梁启超的研究，但是在这里有必要提及其贡献。早期美国对中国近代思想的研究常常带有一种以西方为中心的态度——如果一位中国思想家的新思想与他们的灵感来源不同，学者们往往只是简单地假定他们的理解是不充分的，有些甚至忍不住嘲笑他们的天真。例如，这种弱点在列文森的研究中就尤为明显。1964年史华慈的研究是一个令人振奋的新起点。他就严复提出的第一个问题是：严复的思想和那些他的导师的思想有什么不同？然后，"这些差异告诉我们严复究竟在关切什么？"他接着说："难道严复没有什么新鲜而尖锐的东西可以告诉我们西方的吗？"托克维尔的例子在很久以前就教会了美国和欧洲的历史学家们要尊重一个敏锐的旅行者的观察。史华慈对严复的研究表明，在真正理解和欣赏梁启超之前，需要有类似的态度。该研究首次指出，自由主义和社会达尔文主义在近代中国的吸引力，首先是它们被认为与对一个强大国家的急切渴望有关。

我自己的论文完成于1966年，现在是在其基础上的扩展和改进性研究，它始于这样的问题：梁的政治思想的确切内容是什么？我试图详细地追溯梁思想中的公羊、明治日本及其西方源头。通过这样的追溯，我希望我已经成功地表明了"儒家传统"和"西方影响"这类圆滑的划分的不足之处，尽管我们的研究领域对此已习以为常。正如列文森的分析可能会让我们相信的那样，中国和西方对梁来说并不是相互排斥的整体，但两者都有极其复杂的理智选择。梁的自由主义思想既不是简单的"西方"或"中国"，也不是简单的"理智"与"情感"，而是多种元素的混合。

我还试图考察梁启超自由主义思想的不同组成部分之间的关系及其紧张状态——不是它的一方"中国"和"情感依赖"与另一方"西方"和"理智选择"之间的关系及张力，而是在具体的民族主义和自由主义之间，在具体的儒家思想和自由主义思想之间的矛盾关系。

另一区别于早期研究的方面在于，我试图提出梁的思想和他的行动之间的关系，他的愿望和近代中国现实之间的关系。我试图叙述一位近代中国自由主义者的痛苦经历；我试图展示愿望和现实之间日益扩大的差距是如何塑造了梁的思想。

我没有试图写一部全面的传记。梁的职业生涯的许多方面几乎完全没有得到探索。神谷正男和上田仲雄的论文为梁在中国近代史学发展中的作用开辟了新的课题。增田涉指出梁对文学革命的影响应该得到详细的论述。梁对中国近代新闻史、经济思想史和佛教史的贡献都有待研究；1912年以后，梁的生活和思想也同样有待进一步研究。

与从前相比，梁最重要的原始资料现在更容易获得了。除了丁的《梁启超年谱长编》和梁的《饮冰室合集》之外，更重要的，梁主编的报刊，如《新民丛报》和《清议报》，现在已经再版。我记得在 1964 年，完整的原版《清议报》只能在早稻田大学图书馆和东京国立国会图书馆的上野分馆才能找到。

我使用的关于梁的日本资料，至今还没有被研究过。其中大部分都很容易获得：东亚同文会《续对支回顾录》，梁启超阅读及翻译的日本书籍，以及实藤惠秀出版的《中国人日本留学史》等全部可以在大多数大图书馆找到。日本警方对梁的报告的原件可以在位于东京的外务省详细阅读，或者也可以在洛杉矶加利福尼亚大学的东方图书馆阅读微缩胶片。这些报告包含了大量关于梁在日本的活动、他与日本人和在日华侨的接触以及他在中国国内的各种政治活动的丰富信息。其中梁及其追随者在 1898 年至 1912 年期间活动资料的研究尚待深入。

事实上，一部栩栩如生地进入他的生活，并充分公正地体现他广阔思想世界的长篇传记，尚未完成。

中文文献①

曹聚仁：《文坛五十年》，香港：新文化出版社，1956 年。

陈独秀：《驳康有为致总统总理书》，《新青年》第 2 卷第 2 期，1916 年 10 月 1 日。

陈鏊：《戊戌政变时反变法人物之政治思想》，载吴相湘等编：《中国近代史论丛》第 1 卷第 7 期，台北：正中书局，1959 年（转载自《燕京学报》第 25 期，1939 年 6 月）。

《大学》

丁民主编：《当代中国人物志》，上海：中流书店，1939 年。

---

① 译文中部分中籍保留作者原文，未添加相关版本信息。

丁文江主编：《梁任公先生年谱长编初稿》3卷，台北：世界书局，1958年。

端方：《端忠敏公奏稿》16卷，奏稿绝大部分内容是由梁启超起草的。

房兆楹：《清末民初洋学学生题名录初辑》，台北："中央研究院"近代史研究所，1962年。

冯友兰：《梁启超底思想》，《中国哲学史论文初集》，上海：上海人民出版社，1962年。

冯自由：《革命逸史》2卷，台北：商务印书馆，1953年。

冯自由：《中华民国开国前革命史》，台北：商务印书馆，1953年。

高明凯、刘正埮：《现代汉语外来词研究》，北京：文字改革出版社，1968年。

戈公振：《中国报学史》，台北：学生书局，1962年。

龚自珍：《龚自珍全集》，上海：中华书局，1959年。

顾颉刚等：《古史辨》，香港：太平书局，1962年。

关玉衡：《纪念梁任公先生》，《北平晨报学苑》第231卷，1932年1月20日。

郭沫若：《沫若文集》第2卷，北京：人民文学出版社，1959年。

侯树彤：《清末宪政运动纲要》，《庚午论文集》(《燕大政治学丛刊》第5期)，燕京大学硕士论文，1930年。

侯外庐：《中国早期启蒙思想史》，北京：人民出版社，1956年。

胡浜：《戊戌变法时期梁启超的思想》，《光明日报史学周刊》，第77卷，1956年3月1日。

胡适：《四十自述》，台北：远东图书公司，1964年。

黄宗羲：《明夷待访录》，载杨家骆主编：《梨州船山五书》，台北：世界书局，1962年。

籍忠寅：《挽梁任公先生诗》，《学衡》第67卷，1929年1月。

贾逸君编：《中华民国名人传》，北平：北平文化学社，1932—1933年。

翦伯赞等编：《戊戌变法》4册，上海：上海人民出版社，1957年。

康有为、梁启超：《康梁手札册》，影印本，东洋文库，未知日期，包含其他地方没有的梁启超的几封信。

康有为：《中国今后安定策》，载黄毅编：《袁氏盗国记》，台北：文星书店，1962年。

李剑农：《中国近百年政治史》2卷，台北：商务印书馆，1962年。在邓嗣禹和英加尔斯的英译本中很多有用的信息被删减掉了。

李守孔：《光绪戊戌前后革命保皇两派之关系》，《大陆杂志》第 25 卷第 1—2 期，1962 年 7 月。

李守孔：《民初之国会》，台北：中国学术著作奖助委员会，1964 年。

梁启超：《西学书目表》3 卷，《读西学书法》（附），上海：时务报馆，1896 年。

梁启超：《饮冰室合集》40 册，148 卷，上海：中华书局，1932 年。

梁启超：《庸言》，半月刊，天津，1912—1914 年。

梁启超：《致德富苏峰的两笺》，时间不详（1902 年？），保存于京都同志社大学苏峰文库内。感谢岛田虔次教授提醒我注意这些信笺。

梁启超主编：《大中华》，月刊，上海，1915—1916。

梁启超主编：《国风报》，旬报，上海，1910—1911 年。

梁启超主编：《清议报》，旬报，横滨，1898—1901 年。

梁启超主编：《清议报全编》，横滨，时间不详（1902 年？）。与原《清议报》总体上有一定差异。

梁启超、汪康年主编：《时务报》，旬报，上海，1896—1898 年。

梁启超主编：《新民丛报》，半月报，横滨，1902—1907 年。

梁启超主编：《新小说》，不定期刊，横滨，1902—1905 年。加州大学伯克利分校图书馆藏有 1903 年 1 月 13 日第 1 卷第 3 期《新小说》。

梁启超主编：《中外公报》，《中外纪闻》，日报，上海，1895 年。

《孟子》

毛以亨：《梁启超》，香港：亚洲出版社，1957 年。

缪凤林：《悼梁卓如先生》，《学衡》第 67 期，1929 年 1 月，1—6 页。

皮锡瑞：《经学历史》，周予同校注，香港：中华书局，1961 年。

钱穆：《中国近三百年学术史》，台北：商务印书馆，1959 年。

舒新城：《近代中国留学史》，上海：中华书局，1933 年。

王介平、李润苍：《批判梁启超的反动史学观点和方法》，《四川大学学报》第 4 期，1959 年 4 月。

王树槐：《外人与戊戌变法》，台北："中央研究院"近代史研究所，1965 年。

王芸生：《六十年来之中国与日本》6 卷，天津：大公报社，1934 年。

吴贯因：《丙辰从军日记》，《大中华》第 2 卷第 10 期，1916 年 10 月 20 日。

吴相湘：《宋教仁传》，台北：文星书店，1964 年。
吴泽：《康有为与梁启超》，上海：华夏书局，1948 年。
吴稚晖：《吴稚晖文集》，上海：仿古书店，1936 年。
伍庄（宪子）：《中国民主宪政党党史》，旧金山：世界日报，1952 年。
萧公权：《中国政治思想史》，台北：商务印书馆，1961 年。
谢彬：《民国政党史》，台北：文星书店，1961 年。
熊十力：《读经示要》，台北：广文书局，1960 年。
徐世昌：《清儒学案》8 册，台北：世界书局，1962 年。
亚东图书馆：《科学与人生观》，上海：亚东图书馆，1927 年。
严复：《严译名著丛刊》8 卷，上海：商务印书馆，1931 年。
杨复礼：《康梁年谱稿》3 卷，油印版，1938 年。藏于华盛顿大学远东图书馆。
杨家骆主编：《民国名人图鉴》，南京：中国辞典馆，1936 年。
杨汝梅：《民国财政论》，上海：商务印书馆，1927 年。
杨幼炯：《中国政党史》，上海：商务印书馆，1937 年。
余秉权：《中国史学论文引得（1902 年—1962 年）》，香港：香港亚东学社，1963 年。
余绍曾：《梁任公与曾慕韩》，《民主报》第 11 期，1959 年 6 月 1 日。
余绍曾：《梁氏饮冰室藏书目录》，北京：国立北平图书馆，1933 年。
宇野哲人：《中国近世儒学史》，马福辰译，台北：中华文化出版事业委员会，1957 年。
张君劢：《评梁任公先生〈清代学术概论〉三大问题》，《中华杂志》第 2 卷第 1 期，1964 年。
张朋园：《立宪派与辛亥革命》，台北："中央研究院"近代史研究所，1969 年。
张朋园：《梁启超与清季革命》，台北："中央研究院"近代史研究所，1964 年。
张其昀：《悼梁任公先生》，《史学杂志》第 1 卷第 5 期，1929 年 11 月。
张荫麟（素痴）：《近代中国学术史上之梁任公先生》，《论衡》第 67 卷，1929 年 1 月。
张之洞：《物学篇》，《张文襄公全集》第 203 卷，台北：文海出版社，1963 年。

赵丰田：《维新人物：梁启超》，《大公报史地周刊》第 108 卷，1936 年 10 月 23 日。

郑鹤声：《近世中西史日对照表》，台北：商务印书馆，1962 年。

郑振铎：《梁任公先生》，《小说月报》第 20 卷第 2 期，1929 年 2 月 10 日，333—356 页。

中国史学会主编：《辛亥革命》第 6 卷，上海：上海人民出版社，1957 年，331—333 页。

《中庸》

周士钊：《第一师范时代的毛主席》，《新观察》第 2 卷第 2 期，1951 年 1 月 25 日，10—13 页。

周文膏：《梁启超和报章文学的关系怎样》，《文学百题》，1935 年 7 月。

周予同：《经古今文学》，上海：商务印书馆，1926 年。

朱永嘉：《批判梁启超的唯心主义哲学》，《复旦学报》，1957 年，127—144 页。

日文文献

安部洋：《梁啓超の教育思想とその活動：戊戌變法期を中心として》，《九州大學教育學部紀要》6，Fukuoka，1959 年：301—323 页。

《アジア歴史典》10 卷，Tokyo：Heibonsha，1959—1962 年。

《中國関係の記事目録——日本及び日本人》，太陽，Manuscript，Tōyō Bunko。

外務省アジア局：《現代中國人名辞典》，Tokyo：Gaikō Jigo-sha，1962 年。

波多野善大：《西原借款の基本的構想》，《名古屋大學文學部十週年記念論集》，Nagoya，1958 年：393—416 页。

本田成之：《支那經學史論》，Tokyo：Kōbundō，1927 年。

市古宙三：《梁啓超の変法運動》，《国史学》54（February 1951）：71—83 页。

市古宙三：《保教と変法》，《近代中國の社會と經濟》，Tokyo：Tōhō Shoin，1951 年：113—138 页。

石田雄：《明治政治思想史研究》，Tokyo，1954 年。

板野長八：《康有為の大同思想》，《近代中國研究》，Tokyo，1948 年。

板野長八：《梁啓超の大同思想》，《和田博士還暦記念東洋史論叢》，

Tokyo：Dai Nippon Yūbenkai Kōdansha，1951 年：69—84 页。

神谷正男：《梁啓超の歴史学》，《歴史学研究》105（December 1942）：1069—1096 页。

加藤弘之：《天則百話》，Tokyo，1899 年。

加藤弘之：《強者の権利の競》，Tokyo，1893 年。

菊池贵晴：《唐才常の自立軍起義》，*Rekishigaku kenkyū*，170（April 1954）：13—23 页。

近代中國研究委員会：《中國文雑誌論説記事目録》第二卷。

小島祐馬：《中國の革命思想》，Tokyo：Kōbundō，1950 年。

黑龍会：《東亞先覺志士記傳》3 卷，Tokyo：Kokuryūkai，1933—1936 年。

增田涉：《梁啓超について—文學史的にみて》，《人文研究》6，第 6 期（July 1955）：49—66 页。

宮崎寅藏：《三十三年の夢》，《アジア主義》第 9 卷，《現代日本思想大系》，Tokyo：Chikuma Shobō，1963 年，133—163 页。

永井算己：《所謂清國留學生取締規則事件の性格》，《信州大學紀要》2（July 1952）：11—34 页。

永井算己：《唐才常と自立軍起義》，《日本歷史》85（June 1955）：16—21 页；88（October 1955）：36—45 页。

中村正直：《西國立志篇》，Tokyo，1876 年。

中村忠行：《德富蘆花と現代中國文學》，《天理大學學報》1，nos. 2—3（October 1949）：1—28 页；2，nos. 1—2（November 1950）：55—84 页。

中村忠行：《「新中國未來記」政説—中國文藝に及ぼせる日本文藝の影響の一例》，*Tenri daigaku gakuhō* 1，第 1 期，（May 1949）：63—95 页。

中村忠行：《中國文藝に及ぼせる日本文藝の影響》，《臺大文學》7，第 4 期（December 1942）：214—243 页；7，第 6 期（April 1943）：362—384 页；8，第 2 期（August 1943）：86—152 页；8，第 4 期（June 1944）：27—85 页；8，第 5 期（November 1944）：42—111 页。

日本外務省：《光緒二十四年政變》，《各國內政関係雜集》Vol. 1，未公开出版的文献。

日本外務省：《日本外交文書》，nos. 31 and 32，no. 31，2 vols.，Tokyo：Nihon Kokusairengō Kyōkai，1954 年；no. 32，Tokyo，1955 年。

日本外務省:《革命黨関係》,未公开出版的文献。日本警察有关梁启超及其革命党的报告——一份重要的未公开的日本文献材料。

野原四郎:《アナーキストと五四運動》,《近代アジア思想史:中國篇》1,Tokyo: Kōbundō,1960 年,145—178 页。

野村浩一:《革命派と政良派の思想》,*Kindai Ajia shisō-shi: Chūgoku hen*, Tokyo: Kōbundō,1960 年,95—144 页。

野村浩一:《清末公羊學の形成と康有爲の歷史的意義》,《國家學会雜誌》71,第 7 期(July 1957):706—765 页;72,第 1 期(January 1958):32—64 页;72,第 3 期(March 1958)256—320 页。

小野川秀美:《清末政治思想研究》,《清末の思想と進化論》,《東方學報》21(March 1952):1—36 页。

實藤惠秀:《中國人日本留學史》,Tokyo,1960 年。

實藤惠秀:《邦書華譯の概觀》,《東亞解放》2,第 2 期(February 1940):160—280 页。

實藤惠秀:《日本文化の支那への影響》,Tokyo: Keisetsu Shoin,1940 年。

《實藤文庫》,藏于日比谷图书馆,包含实藤惠秀个人数十年来收集的有关中日文化关系的图书,其中有大量留日中国学生的日记。

佐藤震二:《清朝末期に於ける梁啓超の政治思想—その形成過程を中心として》,《アカデミプ》3(1952):90—103 页。

佐藤三郎:《明治維新以後日清戦争以前に於ける中國人の日本研究》,*Rekishigaku kenkyū*,第 83 期(November 1940):1147—1187 页。

柴四郎:《佳人の奇遇》,《現代日本文學全集》1:139—326 页,Tokyo: Kaizō-sha,1931 年。

島田虔次:《中國のルソ》,《思想》435(September 1960):66—85 页。

清水盛光:《支那社會の研究—社会學的考察》,Tokyo: Iwanami Shoten,1939 年。

畑田忍:《加藤弘之》,Tokyo: Yoshikawa Kōbunkan,1959 年。

高橋勇治:《三民主義に対する梁啓超の反駁》,《東亞問題》4,第 10 期,1942 年。

竹内好等:《中國革命の思想》,Tokyo: Iwanami Shoten,1953 年。

東亞同文会:《続対支回顧録》2 卷,Tokyo: Dai Nippon Kyōka Tosho,第 1 卷,1941 年;第 2 卷,1942 年。其中包含了数封康有为和梁启超致柏原文太郎的信笺原件，尚未在其他地方公开。

上田仲雄:《梁啓超の歷史観》,《岩手史學研究》32（December 1959）:1—14页。

西文文献

Abegg, Lily. *The Mind of East Asia*. Translated from German by A. J. Crick and E. E. Thomas. London and New York: Thames & Hudson. 1952.

Baker, Herschel. *The Dignity of Man: Studies in the Persistence of an Idea*. Cambridge, Mass.: Harvard University Press, 1947.

Barker, Ernest. *Social Contact: Essays by Locke, Hume, and Rousseau*. London: Oxford University Press, 1947.

Becker, Carl. *Modern Democracy*. New Haven, Conn: Yale University Press, 1941.

Blacker, Carmen. *The Japanese Enlightenment: A Study of the Writings of Fukuzawa Yukichi*. Cambridge: At the University Press, 1964.

Bluntschli, J. K. *The Theory of the State*. Translated from the 6th German ed. Oxford: The Clarendon Press. 1898.

Bodde, Derk. "Harmony and Conflict in Chinese Philosophy". In *Studies in Chinese Thought*, edited by Arthur Wright, pp.19—80. Chicago: University of Chicago Press, 1953.

Brinton, Crane. *English Political Thought in the Nineteenth Century*. London: E. Benn. 1933.

Carneiro, Robert L. ed. *The Evolution of Society: Selections from Herbert Spencer's Principles of Sociology*. Chicago: University of Chicago Press. 1967.

Chang Hao. "Liang Ch'i-ch'ao and Intellectual Changes in the Late Nineteenth Century". *Journal of Asian Studies* 29, no. 1（November 1969）: 23—33.

China Weekly Review. *Who's who in China*. 5th ed. Shanghai: 1932.

Chow Ts'e-tsung. *The May Fourth Movement: Intellectual Revolution in Modern China*, Vol.2; *Research Guide to the May Fourth Movement: Intellectual Revolution in Modern China*. Cambridge, Mass.: Harvard University Press, 1960.

d'Elia, Pascal M. "Un Maitre de la Jeune Chine: Liang K'i Tch'ao".

T'oung Pao 18 (1917): 249—294.

DeBary, William Theodore; Wing-tsit Chan; and Burton Watson, eds. *Sources of Chinese Tradition*. New York: Columbia University Press. 1960.

De Ruggiero, Guido. *The History of European Liberalism*. Translated from Italian by R. G. Collingwood. 1927. Boston: Beacon Press 1964.

Fairbank, John King and Banno Masataka. *Japanese Studies of Modern China*. Tokyo: Charles E. Tuttle Co., 1955.

Fairbank, John King and Liu Kwang-ching. *Modern China: A Bibliographical Guide to Chinese Works 1898—1937*. 1950. Cambridge Mass.: Harvard University Press, 1961.

Fukuzawa Yukichi. *The Autobiography of Fukuzawa Yukichi*. Translated by Kiyooka Eikichi. Tokyo: The Hokuseido Press, 1934.

Fung Yu-lan. *A History of Chinese Philosophy*. Translated by Derk Bodde. 2 vols. Princeton, N. J.: Princeton University Press, 1953.

Furth, Charlotte. *Ting Wen-chiang*. Cambridge, Mass.: Harvard University Press. 1970.

Gray, F. "Historical Writing in Twentieth-Century China: Notes on Its Background and Development". In *Historians of China and Japan*, edited by Wm. G. Beasley and E. G. Pulleyblank, pp. 186—212. London: Oxford University Press, 1961.

Hayes, Carlton J. H. *A Generation of Materialism 1871—1900*. 1941. New York: Harper, 1963.

Hayes, Carlton J. H. *The Historical Euolution of Modern Nationalism*. New York: R. R. Smith, Inc., 1931.

Hofstadter, Richard. *Social Darwinism in American Thought*. 1944. Rev. ed., Boston: Beacon Press. 1965.

Hsiao, K. C. "K'ang Yu-wei and Confucianism". *Monumenta Serica* 18 (1959): 96—212.

Hsiao, K. C. "Problem of Modernization: Evaluation of Civilizations". draft of pt. 2 of chap. 3, sec. C of Professor Hsiao's study of K'ang Yu-wei. Presented before the Modern Chinese History Colloquium, University of Washington, 1964.

Hsiao, K.C. "Liang Ch'i-ch'ao". In *Biographical Dictionary of Republican China*, edited by Howard Boorman. 4 vols. New York: Columbia University Press, 1967—1971. This is the best short summary of Liang's life and thought.

Hsiao, K. C. "Road to Utopia: the Book of the Great Community". part of Professor Hsiao's study of K'ang Yu-wei. Presented before the Modern Chinese History Colloquium, University of Washington, 1963.

Huang, Philip C. "A Confucian Liberal: Liang Ch'i-ch'ao in Action and Thought". Ph. D.dissertation, University of Washington, 1966.

Hughes, Stuart. *Consciousness and Society*. 1958. New York: Vintage Books. Inc. 1961.

Hummel, Arthur W., ed. *Eminent Chinese of the Ch'ing Period*. 1943—1944. Reprint, Taipei: Literature House, 1964.

Jansen, Marius. *The Japanese and Sun Yat-sen*. Cambridge, Mass.: Harvard University Press, 1954.

Jansen, Marius. "Japanese Views of China during the Meiji Period". In *Approaches to Modern Chinese History*, edited by Albert Feuerwerker et al. Berkeley and Los Angeles: University of California Press, 1967.

Kōsaka Masaaki. *Japanese Thought in the Meiji Era*. Translated by David Abosch. Tokyo: Tōyō Bunko, 1958.

Kwok, D. W. Y. *Scientism in Chinese Thought, 1900—1950*. New Haven and London: Yale University Press, 1965.

Langdon, Frank C. "Japan's Failure to Establish Friendly Relations with China in 1917—1918". *Pacific Historical Review* 26, no. 3 (August 1957) 245—258.

Laski, Harold. *The Rise of European Liberalism: an Essay in Interpretation*. London: G. Allen &Unwin, 1948.

Legge, James, trans. *The Chinese Classics*. 2d rev.ed. Vols. 1 and 2. Oxford: Clarendon Press. 1893—1895.

Levenson, Joseph R. *Confucian China and Its Modern Fate*. 3 vols. Berkeley: University of California Press, 1958—1965.

Levenson, Joseph R. *Liang Ch'i-ch'ao and the Mind of Modern China*. 1953. Cambridge Mass.: Harvard University Press, 1959.

Liang Ch'i-ch'ao. *History of Chinese Political Thought in the Early Tsin Period*. Translated by L. T. Chen. London: Kegan Paul Co. 1930.

Li Chien-nung. *The Political History of China 1840—1928*. Edited and translated by Teng Ssu-yü and Jeremy Ingalls. Princeton, N. J.: D. Van Nostrand Co., 1956.

Mill, J. S. *"On Liberty" and "Considerations on Representative Government"*. Introduction by R. B. McCallum. Oxford: B. Blackwell, 1948.

Mill, J. S. *Autobiography*. New York: Holt. 1873.

Mill, J. S. *On Liberty*. Boston: Atlantic Monthly Press, 1921.

Moore, C. A, ed. *Essays in East West Philosophy*. Honolulu: University of Hawaii Press, 1951.

Nagai Nichio. "Herbert Spencer in Early Meiji Japan". *The Far Eastern Quarterly* 14, no. 1 (November 1954): 55—65.

Novotna, Zdenka. "Contributions to the Study of Loan-Words and Hybrid Words in Modern Chinese". *Archiv Orientalni*, no. 35 (1967).

Perleberg, Max. *Who's Who in China*. Hong Kong: 1954.

Powell, Ralph. *The Rise of Chinese Military Power, 1895—1912*. Princeton, N. J.: Princeton University Press, 1955.

Richard, Timothy. *Forty-five Years in China*. London: T. Fisher Unwin, 1916.

Sansom. G. B. *The Western World and Japan*. 1949. New York: Knopf, 1962.

Scalapino, Robert A., and Harold Schiffrin. "Early Socialist Currents in the Chinese Revolutionary Movement: Sun Yat-sen versus Liang Ch'i-ch'ao". *The Journal of Asian Studies* 18, no. 3 (May 1959): 321—342.

Schiffrin, Harold Z. *Sun Yat-sen and the Origins of the Chinese Revolution*. Berkeley and Los Angeles: University of California Press, 1968.

Schwartz, Benjamin. *In Search of Wealth and Power: Yen Fu and the West*. Cambridge, Mass.: Harvard University Press, 1964.

Smiles, Samuel. *Self Help*. London: John Murray, 1905.

Snow, Edgar. *Red Star over China*. 1938. New York: Grove Press 1961.

Spencer, Herbert. *Principles of Sociology*. 3 vols. New York: D. Appleton and Co., 1904.

Spengler, Oswald. *The Decline of the West*. 2 vols. New York: Knopf, 1945.

Stephen, Leslie. *John Stuart Mill. The English Utilitarians*, vol. 3. London: Duckworth and Co., 1900.

Thompson, Laurence G. *Ta T'ung Shu: the One World Philosophy of K'ang Yu-wei*. London: George Allen &Unwin, 1958.

Tjan Tjoe-som. *Po Hu T'ung: the Comprehensive Discussions in the White Tiger Hall*. Leiden: E. J. Brill, 1949.

Tsurumi, Yusuke. *The Liberal Movement in Japan*. New Haven, Conn.: Yale University Press, 1925.

Wang, Y. C. *Chinese Intellectuals and the West. 1872—1949*. Chapel Hill, N. C.: University of North Carolina Press, 1966.

Wilhelm, Hellmut. "Ch'en San-li". In *Biographical Dictionary of Republican China*, edited by Howard Boorman. 4 vols. New York: Columbia University Press, 1967—1971.

Wilhelm, Richard. *The Soul of China*. Translated by John Holroyd Reece; poems translated by Arthur Waley. New York: Harcourt, Brace &Co., 1928.

Woo Kang. *Les Trois Théories Politiques du Tch'ouen Ts'ieou*. Paris: E Leroux, 1932.

Young, Ernest P. "The Reformer as Conspirator: Liang Ch'i-ch'ao and the 1911 Revolution". In *Approaches to Modern Chinese History*, edited by Albert Feuerwerker et al.Berkeley and Los Angeles: University of California Press, 1967.

Yu, George T. *Party Politics in Republican China: The Kuomintang, 1912—1924*. Berkeley and Los Angeles: University of California Press, 1966.

索 引

（数字为原著页码）

A

Academy of Current Affairs（Shih-wu Hsüeh-t'ang）时务学堂 26,90; former students of, 91,95—96,117

Agriculture and Commerce, Minister of 农商总长 125

Allen, Young J. 艾伦 33

Allgemeines Staatsrecht《国家论》61,81; 亦见约翰·卡斯帕·伯伦知理

Anarchists: in Liang's thought 梁启超思想中的无政府主义者 155

Anglo-Saxons: Liangs views on 梁启超对盎格鲁-撒克逊的看法 66; Antimanchuism: of Liang 梁的反满主义 26,85—86,90; of Sun Yat-sen 孙中山的反满主义 93

Anti-monarchical movement 反复辟运动 130—132,134

Asahi Shimbun《朝日新闻》101

Assemblies 议会; See Consultative Assembly 见谘议局; *I-yüan* 议院; Legislature, national 立法院; Nan-king, Provisional Assembly 南京临时参议院; National Assembly 国会; Peking Provisional Assembly 北京临时参议院

Association to Prepare for Constitutional Government 预备立宪协会 106

Australia: Liang's visit to 梁的澳洲旅行 45

Austria-Hungary 奥匈帝国 135

Authority（ch'üan）权: Liang's views on 梁的观点 28—29,72; *See also Kyōken*（rights of the strong）亦见强权; *Min-ch'üan*（people's authority or peoples rights）民权

B

Bentham, Jeremy 边沁 68,70—72,144

Bergson, Henri 伯格森 143
Bismarck, Otto Fürst von 俾斯麦 69
Bluntschli, Johann Kaspar 伯伦知理 61,81,99
Book of Chuang-tzu《庄子》155
Boutroux, Étienne 蒲陀罗 147
Boxer War 义和团运动 27
Bubonic plague scare 黑死病惶恐 96
Buddhism 佛教 19,152
Bunmei（wen-ming）文明 54—55；See also Modernity 亦见现代性

C

Cavour, Camillo di 加福尔 87,89
Chang, Carsun 张嘉森 106,118,143—144,157,158
Chang Chi 张继 133
Chang Chien 张謇 104,106—108,114,17,121,125
Chang Chih-tung 张之洞 5,25,41—42,94,96,104,161
Chang Hsüeh-ching 张学璟 91—92,95
Chang Hsün 张勋 136—137,164
Chang Ping-lin 章炳麟 103,161
Chang Shao-tseng 张绍曾 109—110
Chang Tsung-hsiang 章宗祥 135
Chien Kuo-yung 陈国镛 91
Ch'en Pao-chen 陈宝箴 26,28
Ch'en San-li 陈三立 26
Ch'en T'ien-hua 陈天华 101—103
Ch'en Tu-hsiu 陈独秀 7,158
Ch'en T'ung-fu 陈通甫 12
Cheng Chen-to 郑振铎 6,205
Cheng Hsiao-hsü 郑孝胥 104,106
Cheng Hsüan 郑玄 17
Cheng-wen She（Political Information Society）政闻社 104—105,107

Ch'eng Hao and Ch'eng I 程颢和程颐 152—153

Chi Chung-yin 籍忠寅 118,120,134

Chiang Fang-chen 蒋方震 143,144

Chiang Kuan-yün 蒋观云 97,104

Ch'iang-ch'üan（rights of the strong）强权 56; *See also Kyōken*（rights of the strong）亦见强权

Ch'iang-hsüeh Hui(Society for the Propagation of Learning)强学会 24,32

Chin-pu Tang 进步党 4,121,123—127,133

Ch'in Li-shan 秦力山 91,95—96

Ch'in-min（*hsin-min*）新民 64—65; *See also* New citizen（*hsin-min*）亦见新民

China Revolutionary Party 中华革命党; *See* Chung-hua Ke-ming Tang

Chinese Communist Party 中国共产党 164; *See also* Communism 亦见共产主义

Ch'ing-i pao（*Upright Discussions*）《清议报》 48,49,51—52,54,90,91

Chōsen gumi（Korean Group）朝鲜帮 138

Chou（last emperor of Shang）纣 22

Chou Hung-yeh 周宏业 91

Ch'ou-an Hui 筹安会 130

Chu Hsi 朱熹 152—153

Chu Shun-shui 朱舜水 151

Chuang Ts'un-yü 庄存与 16—17

Chuang-tzu, Book of《庄子》155

Ch'üan 权; *See* authority（*ch'üan*）见权

Chün-ch'üan（authority of the ruler）君权 29

Chung-hua Ke-ming Tang（China Revolutionary Party）中华革命党 133

Chung-hua Min-kuo Lien-ho Hui 中华民国联合会 116; *See also* T'ung-i Tang 亦见统一党

Chung-kuo Mi-shih（*Secret History of China*）《中国秘史》92

Chung-wai Kung-pao（*International Gazette*）《中外公报》24—25

Chung-yung（middle way）中庸 154—158

Classic of History《尚书》17

Classics 经文: Liang's re-evaluation of 梁启超的重新评价 151—155; *See also* Confucianism 亦见儒学; Confucius "Cliques" and "clubs" 孔子系或派 133,135,137,139

Colloquial language 言: writing of 文, advocated by Liang 梁启超的主张 6,30—31; *See also* Loan-words 亦见外来词; Neologisms 新词

Communism 共产主义 164; Liang's view of 梁的观点 159

Competition and the Rights of the Strong《强者的权力与竞争》56

Confucianism 儒学 3; and Liang's thought 梁的有关思想 8—9,20—21, 63—64,71,153—156,161—162,164; and Tung Chung-shu 董仲舒 14—16; and K'ang Yu-wei 康有为 19—20; as a religion 作为宗教信仰 20,75

Confucius 孔子: Tung Chung-shu's view of 董仲舒的观点 14; and Heaven 天 15; K'ang Yu-wei's views of 康有为的观点 19—20; Liang's views on 梁的观点 20,151,153

Confucius as a Reformer（*K'ung-tzu kai-chih k'ao*）《孔子改制考》19

Constitution 宪法: Japan's, a model for China 中国向日本效法 32,36; for China 中国 110,126—127,130,133

Constitutional Association 立宪会 106

Constitutional government 立宪政府: Liang's advocacy of 梁的主张 4,59, 103—104,130,148—149,163; movement for 宪政运动 106—108,114,126; and Yüan Shih-k'ai 袁世凯 125,133

"Constitutional monarchy" "君主立宪制": in K'ang Yu-wei's thought 康有为的有关思想 19,24

Constitutional Party 宪政党; *See* Hsien-cheng Tang 见宪政党

Consultative Assembly 谘议局 110

Corruption 腐败: criticized by Liang 梁的批评 30

"Culture" "文化": in Pan-Asianism 泛亚洲主义中的 47,49

Currency, Bureau of 币制局 128

Currency problems 货币问题: Liang's views on 梁的观点 100,128—129, 137—139

Current Affairs 时事, *See Shih-wu pao* 见《时务报》

Customs Office 海关 129

D

Darwinism 达尔文主义, *See* Social Darwinism 见社会达尔文主义

The Decline of the West《西方的衰落》145

Deep Significance of the Spring and Autumn Annals《春秋繁露》153

Democracy 民主: elements of, in Confucianism 儒学中包含的民主因素 20—21; Liang's views on 梁启超的观点 20—21,28,31—32,34,46,59—60,63,71,80,98,162—163; elements of, in Mencian thought 孟子民主思想 22—24; idea of, and the revolution of 1911 辛亥民主设想与革命 115; and the intellectual revolution 知识革命 160—161; *See also* Constitution 亦见宪法; Constitutional government 立宪政府

Despotism 专制统治: benevolent, of Mencius 孟子的仁慈 21; enlightened 开明; Liang's concept of 梁的概念 81—82,99,103,122,150

Dōbun Kai 同文会 47

Dokuritsu jison（independence and self-respect）独立自尊 62

E

Education 教育 7,33,69; Liang's views on 梁的观点 4,30,154,164; school for girls 女校 25; school for training translators 编译学堂 27; in Japan 在日本 53—54; Japanese Ministry of 日本文部省 53—54,100; China's Minister of 中国教育总长 125

Eight-legged essay 八股文 7; abolished 废除 27

Empirical scholarship 经世之学 16—17

Empress Dowager 皇太后; *See* Tz'u-hsi 见慈禧

England 英国: admired by Liang 被梁钦慕 55,64,76—77; admired by Japanese 被日本钦慕 62; liberal thinkers of 自由主义思想家 68（亦见边沁、穆勒、斯图尔特、斯宾塞）; and World War I 以及第一次世界大战 134; Liang's visit to 梁的英国旅行 142

Enlightened despotism 开明专制; *See* Despotism 见专制

Enoshima group 江之岛团体 91,94—96

Eunuchs 阉宦 106

Europe 欧洲: Chinese students in 留欧中国学生 42; Liang's trip to 梁的欧洲旅行 142—145

Evolution and Ethics (translated by Yen Fu)《天演论》(严复译) 25,56

Examination system 科举制度 7,42; Liang's progress through 梁的科举历程 11—12; Liang's views of 梁的观点 30,33

"Exhortation to Learn"《劝学篇》42

F

Feng Kuo-chang 冯国璋 131—132,134,136,139

Feng Tzu-yu 冯自由 91—92

Finance 财政; Minister of 财政总长 109,125; Liang as 梁担任财政总长 137; *See also* Currency problems 亦见货币问题

Finance in Republican China《民国财政论》129

Five Power Banking Consortium 五国财团银行 124

Footbinding 缠足: society opposed to 不缠足会 25

France 法国: Chinese students in 留法中国学生 42; Liang's visit to 梁的法国旅行 142—143

Frederick II 腓特烈二世 82

Fu-ch'iang (wealth and power) 富强 54—55,59

Fukuzawa Yukichi 福泽谕吉 56,61—64,72

"The Future of the New China"《新中国未来记》; *See* Liang Ch'i-ch'ao, publications 见梁启超出版物

G

Germany 德国 134—135; Liang's visit to 梁的德国旅行 142

Gladstone, William Ewart 格拉德斯通 69

Gold reserves, China's 中国的金本位 137—139; *See also* Currency problems 亦见货币问题

Gradualism: of Liang 梁的渐进主义 80,126,142,148,156,158

Great community (*ta-t'ung*) 大同 19,29,153—154

The Great Community (*Ta-t'ung shu*)《大同书》13,19—20

Great Learning《大学》64—65

H

Han Ching Ti 汉景帝 14
Han Kuang-wu Ti 汉光武帝 14
Han learning (*Han-hsüeh or k'ao-cheng*) 汉学（汉学或考证）16—18
Han Wen-chü 韩文举 90—92,95
Han Wu Ti 汉武帝 14
Hawaii 夏威夷: Liang's visit to 梁的夏威夷旅行 45,46,92—93,95—96
Heaven 天 15—16,22; *tenshoku*（heavenly calling）天职 52
Hidden and subtle meanings (*wei-yen ta-i*) 微言大义 14—15,17,153
Hirayama Shū 平山周 47
History 历史: Liang's influence on the writing of 梁的历史著述的影响 6; Liang's views on 梁的观点 151—152
Ho Hsiu 何休 14,16—17,153
Ho Sui-t'ien 何穗田 95
Hsia Tseng-yu 夏曾佑 25
Hsiang-hsüeh hsin-pao（*New Hunan Gazette*）《湘学新报》26
Hsiao Kung-ch'üan 萧公权 16,204—205
Hsien-cheng Shang-chüeh Hui（Society to Confer on Constitutional Government）宪政商榷会 133
Hsien-cheng Tang（Constitutional Party）宪政党 106,114
Hsien-yu Hui（Society of the Friends of Constitutional Government）宪友会 108,118
Hsin ch'ing-nien（*New Youth*）《新青年》7
"Hsin Chung-kuo wei-lai chi"《新中国未来记》; *See* Liang Ch'i-ch'ao, publications: "The Future of the New China" 见梁启超出版物:《新中国未来记》
Hsin hsiao-shuo（*The New Fiction*）《新小说》6,84
Hsin-hsüeh wei-ching k'ao（*A Study of the Forged Classics of the Hsin Dynasty*）《新学伪经考》13,19

Hsin-min 新民: read *ch'in-min* 读作新民 64—65;（new citizen）concept of 新民的概念;（*see* New citizen）（见新民）

Hsin-min ts'ung-pao（*Journal of the New Citizen*）《新民丛报》5—7,45, 64,90,97—99,102

Hsin-wang（new king）新王 14

Hsing Chung Hui（Society to Revive China）兴中会 103

Hsiung Hsi-ling cabinet 熊希龄内阁 125

Hsü Chi-yü 徐继畬 12

Hsü Ch'in 徐勤 97,109,186

Hsü Fo-su 徐佛苏 104,107—108,118,120

Hsü Hsin-liu 徐新六 143,144

Hsüan-t'ung Emperor 宣统帝; See Pou-i 见溥仪

Hsüeh-hai T'ang 学海堂 12,13

Hsün-ku（a mode of textual criticism）训诂 12

Hsün-tzu 荀子 15，20—21

Hu Han-min 胡汉民 103,113,116,124

Hu Shih 胡适 6，7

Huang Hsing 黄兴 118,124

Huang Su-ch'u 黄溯初 131

Huang Tsun-hsien 黄遵宪 25—26,41,47

Huang Tsung-hsi 黄宗羲 23,26

Huang Wei-chih 黄为之 91,95

Hughes, Stuart 休斯 145

Humaneness 仁; *See Jen* 见仁

Humboldt, Wilhelm von 洪堡 76

Hunan 湖南: reform program in 湖南变法 25—26; *See also* Academy of Current Affairs 亦见时务学堂

"Hundred days" reforms 百日维新 26—27; *See also* Reform 亦见改革

Hundred Essays on the Law of Evolution《天则百话》56

Huxley, Thomas H. 赫胥黎 25,56

I

I-k'uang 奕劻 106,109—110

I-yüan（representative assemblies）议院 28—30,34

An Illustrated Gazetteer of the Maritime Countries《海国图志》18

Imperial Guards 禁卫军 109—110

Imperialism 帝国主义:Liang's views on 梁的观点 4,48,52,56—59,61,67,158; Katō Hiroyuki's and Herbert Spencer's views on 加藤弘之与斯宾塞的观点 56—57

Individualism 个人主义:Liang's views on 梁的观点 73—74 ; Intellectuals 理智 5,141—142,158,160,164; *See also* May Fourth intellectual revolution 亦见五四新文化运动

Interior, Minister of 内政部长 137

Introduction to the Principles of Morals and Legislation《道德和立法原则概述》70

Inugai Tsuyoshi 犬养毅 47,52,53

Ishida Takeshi 石田雄 50

Italy 意大利: Liang's visit to 梁的意大利旅行 142

J

Jansen, Marius 詹森 47

Japan 日本: Chinese students in 留日中国学生 7,36—37,41—44,100—103,105; Liang influenced by 梁启超受日本之影响 9,31—32,161—62; issue of democracy in 日本的民主议题 21; exile of Liang in 梁流亡日本 35,121: influence of, on China 对中国的影响 36—45,103; Chinese reformers and revolutionaries in 在日改良派和革命派 44,90—91（*see also* Enoshima group 亦见江之岛团体）; Chinese community in 在日华人群体 104; Army Officers' Academy 士官学校 109; Liang's return to 梁返回日本 110; and World War I 以及第一次世界大战 134—135; loans from 向日本借款 137—138

Japanese language 日语: loan-words from, in Chinese 汉语中来自日本的外来词 44,27

Jen（humaneness）仁: Liang's views on 梁的观点 153—154,156; *jen-cheng*（humane government）仁政 15

Journal of the New Citizen《新民丛报》; *See* Hsin-min ts'ung-pao 见《新民丛报》

Justice, Minister of 司法总长 137; Liang as 梁担任司法总长 125

K

K'ai-ming chuan-chih《开明专制论》; *See* Despotism 见专制

Kajin no kigu（*Strange Encounters of Elegant Females*）《佳人奇遇》55; Liang's translation of 梁启超的翻译 48—52,55,59,60

K'ang Yu-wei 康有为 7,41,103,104,114; and the constitutional movement 立宪运动 4,106,109,160; influence on Liang 对梁的影响 5,8,12—13,32,34; and the New Text school 及今文经学派 14,16—17;and the Kung-yang doctrines 及公羊学说 15,18—20; Western influence in the thought of 西方对其思想的影响 21,24; and the "hundred days" reforms 及"百日维新" 6—27; arbitrariness of 康的专断 74—75; and the plot against the Empress Dowager 密谋反对慈禧 79; and the revolutionaries 有关革命派 90—93; and the restoration plot 及密谋复辟 95—96; Liang's relations with 与梁的关系 97—98,105,162; and the plot against Yüan Shih-k'ai 密谋反袁 106; alliance of, with Chang Hsün 与张勋结盟 164; *See also* Pao-huang Hui 亦见保皇会

Kashiwabara Buntarō 柏原文太郎 47,52,53

Katō Hiroyuki 加藤弘之 56—61,63—64,69,76,81

Kawakami Hajime 河上肇 41

K'e-lu faction 客庐派 133

Konoe Atsumarō 近卫笃麿 47

Korea 朝鲜: Liang's views on 梁的观点 51

Korean Group（Chōsen gumi）朝鲜帮 138

Kossuth, Louis 噶苏士 100

Kropotkin, Peter 克鲁泡特金 145

Ku Chieh-kang 顾颉刚 6

Ku Hung-ming 辜鸿铭 158

Ku-liang Commentary《穀梁传》153

Kuan Chung 管仲 100

Kuang-shü Emperor 光绪帝 26—27; plot to restore 密谋保皇 92—96; death of 去世 108

Kung-ho Chien-she T'ao-lun Hui 共和建设讨论会 118,120

Kung-ho Tang 共和党 116—118,120—122

Kung Tzu-chen 龚自珍 14,18

Kung-yang Commentary《公羊传》15,17,153; doctrines based on 公羊学说 18—20,34,153,161—162

Kung-yang reformers 公羊改良派 15,16; See also K'ang Yu-wei 亦见康有为; Kung Tzu-chen 龚自珍; Wei Yüan 魏源

K'ung Shang-jen 孔尚任 151

K'ung-tzu kai-chih k'ao（Confucius as a Reformer）《孔子改制考》19

Kuo-hui 国会; See Legislature, national 见国民议会

Kuo-min Hsieh-chin Hui 国民协进会 118,120

Kuomintang 国民党 4,117,121—128,131—133,136,137,148,164

Kyōken（rights of the strong）强权 56—57,60—61

L

Lan T'ien-wei 蓝天蔚 109—110

Language 语言; See Colloquial language 见"言"; Loan-words 外来词; Neologisms 新词

Lao Tzu 老子 151

Legalists 法家, Liang's view of 梁的观点 155

Legislature, national 立法院 116—117,124,127—128,133—136,139

Levenson, Joseph 列文森 34,203—204,206

Li Ching-t'ung 李敬通 91

Li Ch'ün 李群 91

Li Hung-chang 李鸿章 5

Li Lieh-chün 李烈钧 116,124

Li Ping-huan 李炳寰 91,95—96

Li script 隶书 14

Li Tuan-fen 李端棻 12

Li Yüan-hung 黎元洪 112—113,116—121,123,132,134,136

"Li yün"《礼运》19,20,153

Liang Ch'i-ch'ao 梁启超:summary of career of 生平概述 3—4:influenced by stay in Japan 居日所受影响 3,31—32,43—67,161—162; and revolution 梁与革命 3—5,79—80,84—91,97,105,107,164; infuence of writings of 著述影响 4—6,24—25,27,90,97,99; views of, on education 教育观点 4,30,154,164; and reform 梁与改革 5,24—35,84—89,99—111 (*See also* Reform 亦见改革); position of, in Chinese intellectual history 在中国思想史之地位 5—10,75—76; names known by 深刻影响梁的人物 7,46; family background and early education 家庭背景及早期教育 11—12; marriage of 婚姻 12; and New Text Confucianism 今文经 13,20—24,34,161—162; and the translation bureau 译书局 25,27; concept of majority in the thought of 梁思想中的"大多数"概念 71—73; and individualism 个人主义 73—74; intellectual flexibility of 思想灵活 74—75; political ambitions of 政治目标 99—100,110,114,117—121,133—134; in government office 于政府中任职 110—111,125—129,137—139; and national politics after the revolution of 1911 辛亥革命后国家政治 114—115,117—140,164; brother of 兄弟 117; return of, to China 返回中国 121; with drawal of, from public life 退出政治生活 140; visit of, to Europe 访问欧洲 142—145; activities of, after World War I 一战后活动 142—159; syncretism of 融合 142,146—147,150—152,155—157,161—162; languages studied by 语言学习 143; thought of, influenced by World War I 思想受一战之影响 145—146,162; views of, on *jen* 对"仁"的观点 153—154,156; "middle way" of 中庸 154—158。*See also* Liberalism 亦见自由主义; Liberty 自由; Nationalism 国家主义; Power, national 国家力量; Social Darwinism 社会达尔文主义

Liang Ch'i-ch'ao publications 梁启超出版物: "Against Isms"《非唯》157; *A Catalogue of Books on Western Government* "西政丛书" 33; *A Catalogue of Books on Western Learning*《西学书目表》31—33; *Chronological Biography*《年谱》45; "The Currency Problem in China"《中国货币问题》100; "Discussions on Currency Regulations"《币制条议》100; "Enlightened Despotism"《开明专制》论 81,103; "Foreign Loans"《外债平议》100; "The

Future of the New China"《新中国未来记》84—86,92,97,110—111,119,163; "General Trends in the Development and Changes in Chinese Thought"《论中国学术思想变迁之大势》6; *History of Chinese Political Thought in the pre-Ch'in Period*《先秦政治思想史》151; *History of Chinese Thought in the Last Three Hundred Years*《中国近三百年学术史》151; "The Hungarian Patriot Louis Kossuth"《匈加利爱国者噶苏士传》100; "Impressions from My European Journey"《欧游心影录》144—147,150; *Intellectual Trends in the Ch'ing Period*《清代学术概论》151; "Introduction to Constitutional Government"《宪政浅说》100; "The New Citizen"《新民说》58,64,69,77,80,99,148—149; "Notes on Freedom"《自由书》45,53,69; "On Independence"《独立论》63; "On the Limits of Authority Between the Government and the People"《论政府与人民之权限》72—73; "On Reform"《变法通议》30,33; "On Self-Respect"《论自尊》62; "Personal Views on China's Parliamentary System"《中国国会制度私议》100; "Self-help"《独立论》63,69; *A Study of the Forged Classics of the Hsin Dynasty*（with K'ang Yu-wei）《新学伪经考》（与康有为）13,19

  Liang Ch'i-t'ien 梁启田 91

  Liang Pao-ying（father of Liang Ch'i-ch'ao）梁宝瑛（梁启超之父）11

  Liang Ping-kuang 梁炳光 91—92,95

  Liang Shih-i 梁士诒 134

  Liang Wei-ch'ing（grandfather of Liang Ch'i-ch'ao）梁维清（梁启超祖父）11

  Liberalism 自由主义 4; in Liang's thought 梁思想中 9,29,68—78,84, 144—150,155—165; modern Chinese 近代中国 160—165

  Liberty（*tzu-yu*）自由: Liang's views on 梁的观点 65,69—70,74,76—77,80,82—83,90,162,164

  Lin Ch'ang-min 林长民 137

  Lin Kuei 林圭 91,95—96

  Lin Tse-hsü 林则徐 18,141

  "Literary inquisition" of the Ch'ien-lung period 乾隆时期"文字狱" 16

  Literary revolution 文学革命 6; *See also* Colloquial language 见"言"

  Literati, and the New Text revival 今文经学的复兴 16

  Liu Ch'ung-chieh 刘崇杰 143—144

附　录　227

Liu Feng-lu 刘逢禄 17—18

Liu Hsin 刘歆 13—14,17,19

Liu Shih-p'ei 刘师培 158,161

Lo Jun-nan 罗润楠 91

Lo P'u 罗普 91,95

Loan-words 外来词: in Chinese from Japanese 汉语中来自日本的外来词 44

Lu Jung-t'ing 陆荣廷 131,132

Luan-chou revolt 滦州起义 110

Lung Chi-kuang 龙济光 131,132,134

M

Ma Liang 马良 105

Mackenzie, Robert 麦肯齐 33

Mahāyāna Buddhism 大乘佛教 19; See also Buddhism 亦见佛教

Mai Chung-hua 麦仲华 91,95

Mai Meng-hua 麦孟华 91

Majority 大多数: Liang's concept of 梁的概念 71—73

Manchus 满族

Mao Tse-tung 毛泽东 7,140,159,164

Marxist works: translated into Chinese 汉译马克思主义作品 41,43

May Fourth intellectual revolution 五四新文化运动 3,5—9,44,67,141,146,158,160,162; See also Students, Chinese 亦见中国学生

Mazzini, Joseph 马志尼 87,89,100

Meirokusha 明六社 64

Mencius / *Mencius* 孟子/《孟子》 15,20—24,34,65

Middle way (*chung-yung*) 中庸 154—158

Military power 军事力量: in Chinese national politics 在中国国家政治中 4,109—110,112—117,123—125,127,131—132,135—140,148,163—164; See also Yüan Shih-k'ai 亦见袁世凯

Military science 军事科学: translations on 有关翻译 32—33

Mill, John Stuart 穆勒 68,70,72—76,144

Min-chu（people's rule）民主 19,28—31,34

Min-chu Tang 民主党 120—121

Min-ch'üan（people's authority or people's rights）民权 28—30,34,54,90

Min-pao《民报》99,105

Min-pen 民本；See Primacy of the people 人民至上

Min She 民社 116—117,120

Min-tsu ti-kuo-chu-i（national imperialism）民族帝国主义 58

Missionaries 传教士 33

Miyazaki Torazō 宫崎寅藏 47

Mo Ching《墨经》；Liang's commentary on 梁的校释 151

Mo-tzu 墨子 154

Modernity 现代性：Liang's views on 梁的观点 53—55,59,63,67

Modernization 现代化 3,36,67,103；Liang's views on 梁的观点 4,77,162—164；See also Reform 亦见改革

Monarchy 君主政体；See Anti-monarchical movement 见反复辟运动

Morality 道德：Liang's views on 梁的观点 63—65,77,162

N

Nakamura Masanao 中村正直 56,61—64,72

Nan-hsüeh Hui（Reform Association of South China）南学会 26

Nanking 南京 112；Provisional Assembly 临时参议院 115—116,118；Provisional Government 临时政府 114

Napoleon I 拿破仑一世 82

National Assembly 国会 111

National imperialism（*min-tsu ti-kuo-chu-i*）民族帝国主义 58

Nationalism 民族主义 36,115；in Liang's thought 梁的思想 4,49,56,58—59,63—65,76,83—84,88,90,149；of Katō Hiroyuki 加藤弘之的 56—57；See also Power, national 亦见国家力量

Negroes 黑人 78

Neo-Confucianism 新儒学：Liang's views on 梁的观点 152

Neologisms 新词 69

New citizen (*hsin-min*) 新民: Liang's concept of 梁的概念 59,61,64—66,70,77,80,90,142,162—164; of Mao 毛的概念 159

"The New Citizen" ("Hsin-min shuo")《新民说》; *See* Liang Ch'i-ch'ao, publications 见梁启超出版物

The New Fiction《新小说》; *See Hsin hsiao-shuo*

New Hunan Gazette《湘学新报》; *See Hsiang-hsüeh hsin-pao*

New Text school: Ch'ing 清代今文经学 8,13,16—20,34; Han 汉 13—16

New Youth《新青年》; *See Hsin ch'ing-nien*

Nietzsche, Friedrich Wilhelm 尼采 145

1916 Club (Ping-ch'en Chü-lo-pu) 丙辰俱乐部 133,135

The 19th Century: A History《19世纪：一部历史》33

Nishihara Kamezō 西原龟三 138

"Nishihara loans" "西原借款" 138

O

Okuma Shigenobu 大隈重信 47,52—53; government of 大隈政府 47,138

Old Text school 古文经学派 13—14

On Liberty《论自由》72—73

Onogawa Hidemi 小野川秀美 56,205

Opium War 鸦片战争 18

Ou Chü-chia 欧榘甲 90—92,95

Overseas Chinese 海外华人 79—80,93—94,98,131; *See also* Japan, Students 亦见留日中国学生; Overseas Chinese Association 华侨协会 94

P

Pai-hua 白话; *See* Colloquial language 见"言"

Pan-Asianism 泛亚洲主义 47—54

Pao-huang Hui (Society to Protect the Emperor) 保皇会 78—79,85,92—99

Peiyang Army 北洋军队 112—113,125,127

Peking Provisional Assembly 北京临时参议院 115—116,118

People's rights 民权: in Japan 在日本 54; See also Min-ch'üan

People's rule 民主; See Min-chu

A Plan for a Prince 《明夷待访录》26

Po Wen-wei 柏文蔚 116,124

P'o-huai 破坏 6

Poetry 诗歌: Liang's essay on 梁的论说文章 151

Police: bureau 警察局 26; records (Japanese) 日本警察的报告 45—46,93

Political Information Society 政闻社; See Cheng-wen She

Portents (*tsai-i*) 灾异 15—16

Power, national 国家力量: Liang's views on 梁的观点 31—32,58—61,63—64,70,76—77,149—150,162—163; Nakamura Masanao's views on 中村正直的观点 62—63; and ideology 以及意识形态 164; See also *Fu-ch'iang* 亦见富强

Press: freedom of, in Japan 日本出版自由 53—54; American and Chinese compared 中美比较 78; of San Francisco's Chinatown 旧金山唐人街的 79

Primacy of the people (*min-pen*) 民本 21—23,34—35,60,155—156

P'u-chün 溥儁 93

P'u-i 溥仪 108—109,136

P'u Tien-chün 蒲殿俊 114

R

Race 竞争: Liang's views on 梁的观点 47—50,54,66,99; See also Pan-Asianism 亦见泛亚主义

Reciprocity (*shu*) 恕 154

Reform: Liang's views on and actions toward 梁的观点及行动方向 5,24—35,84—98,99—111; Confucian rationale for 儒家的根据 15; program in Hunan 湖南改良 25—26; the "hundred days" of 百日维新 26—27; missionary writings on 传教士作品 33; advocated 支持改革 35—36,41,44,141,160; and *fu-ch'iang* 以及富强 55

Reform Association of South China 南学会; See Nan-hsüeh Hui

Representative government 代议制政府; See Democracy 见民主制

Research Clique（Yen-chiu Hsi）研究系 133,137,139

Restoration plot 密谋复辟 92—96

Returned students 学生回国 42—43; See also Students, Chinese 亦见中国学生

Revolution 革命: and Liang 梁与革命 3—5,79—80,84—91,97,105,107,164（see also Enoshima group 亦见江之岛团体）; of 1911 辛亥革命 5,112,114—115; support for 支持革命 44,108; the "second" "二次革命" 124—125; See also Literary revolution 亦见知识革命; May Fourth intellectual revolution 五四新文化运动

Roland, Madame 罗兰夫人 100

Rousseau, Jean Jacques 卢梭 71,72,81

Russo-Japanese War 日俄战争 42,103

S

San Francisco, Chinatown of 旧金山唐人街 79

San-t'ung 三统 15,19

Schwartz, Benjamin 史华慈 56,144—145,206

Science 科学: applied 应用 33; Liang's views on 梁的观点 145—146; Carsun Chang's view of 张嘉森的观点 157—158

Secret History of China（*Chung-kuo mi-shih*）《中国秘史》92

Secret societies 秘密社团 93

"Self confidence"《论自尊》69

Self-discipline（*tzu-chih*）自治 66

Self-government Association 自治会 106

"Self-help"《自助论》: Liang's essay on 梁的论说 63,69; See also Smiles, Samuel 亦见斯迈尔斯

Self-strengthening movement 洋务运动 5,41,141

Shan-ch'i（Prince Su）善耆（肃亲王）104,106,109

Shang dynasty 商朝: last emperor of 纣 22

Shen pao《申报》129

Shen Ping-k'un 沈秉堃 114,116

Shiba Shirō 柴四郎；*See* *Kajin no kigu* 见《佳人奇遇》

Shih-chung 时中 156

Shih-wu Hsüeh-t'ang 时务学堂；*See* Academy of Current Affairs 见时务学堂

Shih-wu pao（*Current Affairs*）《时务报》25,91

Shimonoseki, Treaty of《马关条约》24

Shōda Kazue 胜田主计 138

Shu（reciprocity）恕 154

Simonds, Frank Herbert 西门兹 147

Sino-Japanese War（1894—1895）中日甲午战争 3,41,51

Smiles, Samuel 斯迈尔斯：*Self-help*《自助论》62

Snow, Edgar 斯诺 7

Social Darwinism 社会达尔文主义：in Liang's thought 梁的有关思想 4,56—61,66,76,82,145,162

Societies（*hui, she*）会、社 133：*See also* Cheng-wen She 亦见政闻社；Ch'iang-hsüeh Hui 强学会；Ch'ou-an Hui 筹安会；Chung-hua Min-kuo Lien-ho Hui 中华民国联合会；Hsien-cheng Shang-chüeh Hui 宪政商榷会；Hsien-yu Hui 宪友会；Hsing Chung Hui 兴中会；Kung-ho Chien-she T'ao-lun Hui 共和建设讨论会；Kuo-min Hsieh-chin Hui 国民协进会；Min She 民社；Nan-hsüeh Hui 南学会；Pao-huang Hui 保皇会；T'ung-meng Hui 同盟会；Tzu-li Hui 自立会

Spencer, Herbert 斯宾塞 56—57,61,68,69,144—145

Spengler, Oswald 斯宾格勒 145

Spring and Autumn Annals《春秋》14—15,17,20,153

State 国家：as an organic entity 作为有机体 61,81—82,99

Stephen, Leslie 斯蒂芬 74

Strange Encounters of Elegant Females《佳人奇遇》；*See Kajin no kigu*

Students, Chinese: in Japan 在日中国学生 7,36—37,41—44,100—103,105; abroad 海外；outside of Asia 亚洲外 41—43；"returned" 回国 42—43；pro-revolution 赞同革命 107；*See also* May Fourth intellectual revolution 亦见五四新文化运动

A Study of the Forged Classics of the Hsin Dynasty（*Hisin-hsiieh wei-ching*

k'ao)《新学伪经考》13,19
Su, Prince（Shan-ch'i）肃亲王（善耆）104,106,109
Su-wang（"uncrowned king"）素王 14,19
The Success of the Western Nations《西国立志篇》62—63
Sun Hung-i 孙洪伊 107—108,114,118,133
Sun Mei 孙眉 93
Sun Yat-sen 孙逸仙 4,47,103,118,121,133,137,140,160,164；Liang's relations with 与梁的关系 79—80,91—96
Sung Chiao-jen 宋教仁 103,115,116,118—119,123—124,128,133
Syncretism:of Liang 梁的融合 142,146—147,150—152,155—157,161—162

T

Ta-chuan script 大篆 13—14
Ta-t'ung School: in Tokyo 东京大同学校 91,95；in Yokohama 横滨大同学校 93—94
Ta-t'ung shu（The Great Community）《大同书》13,19,20；*See also* Great community 亦见大同
Tai Chen 戴震 151
Tai K'an 戴戡 131
T'ai-p'ing Rebellion 太平天国起义 18
Taiwan 台湾：Liangs visit to 梁的台湾旅行 45
Takasugi Shinsaku 高杉晋作 46
T'an Hsi-yung 谭锡镛 91
T'an Ssu-t'ung 谭嗣同 25—27,69
T'an Yen-k'ai 谭延闿 114,116
T'ang Chi-yao 唐继尧 116,132
T'ang Chüeh-tun 汤觉顿 131—134
T'ang Hua-lung 汤化龙 114,118,120,137
T'ang Shou-ch'ien 汤寿潜 106
T'ang Ts'ai-ch'ang 唐才常 26,90,91,94—96,109
T'ao Ch'ien 陶潜 151

T'ao-yüan faction 韬园派 133

Taoists 道家: Liang's view of 梁的观点 155

Ten Days' Sacking of Yang Chou (Yang-chou shih-jih chi)《扬州十日记》26,90

Tenpu jinken (natural rights) 天赋人权 56

Tenshoku (heavenly calling) 天职 52; See also Heaven 亦见天

Terauchi Masataka 寺内正毅 138

"Three ages" theory "三代" 16,19,153

T'ieh-k'uo 帖括 12

T'ieh-liang 铁良 106

T'ien Pang-hsüan 田邦璇 91,95—96

T'ien-yen lun (by Yen Fu)《天演论》(严复著) 25,56

Ting Wen-chiang 丁文江 128,143—144,157

Tōa Dōbun Kai 东亚同文会 47

Tōa Kai 东亚会 42

Tokyo 东京: Chinese students and exiles in 中国学生及流亡东京 44; Ta-t'ung School in 东京大同学校 91,95 (see also Ta-t'ung School 亦见大同学校); Senmon Gakkō 东京专门学校 53; See also Japan 亦见日本

Translation 翻译: bureau 译书局 25,27; of works on medicine 医药译著 33; of Japanese books into Chinese 日本书籍汉译本 36,38—41,43,45; See also Loan-words 亦见外来词; Neologisms 新词

Tsai-feng 载沣 108—110

Tsai-i 载漪 93

Tsai-i (portents) 灾异 15—16

Tsai-t'ao 载涛 109—110

Tsai-tse 载泽 106,109

Ts'ai Chung-hao 蔡钟浩 91,95

Ts'ai O 蔡锷 26,91,116—117,131—132,134

Ts'an-i yuan 参议院; See Nanking 见南京

Tseng Kuo-fan 曾国藩 5

Tso Commentary《左传》17

Tso-shih ch'un-ch'iu《左氏春秋》17

Tuan Ch'i-jui 段祺瑞 131,134—140,164

Tuan-fang 端方 103,104,106

Tung Chung-shu 董仲舒 14,17,153

T'ung-i Kung-ho Tang 统一共和党 116

T'ung-i Tang 统一党 116—117

T'ung-meng Hui 同盟会 101,103,105,107,110,112—114,116,119

Twenty-one Demands 二十一条 36,53,138

Tzu-li Hui (Society for National Independence) 自立会 94

Tzu-yu (liberty) 自由; the term 术语 69

Tz'u-hsi 慈禧 4,26—27,79,92,103,106,108

U

United States 美国: Liang's views on 梁启超的观点 31; Chinese students in 留美中国学生 41—43; Liang's visit to 梁的美国旅行 45,78—80,97—98; Chinese communities in 在美华人社区 79; and World War I 第一次世界大战 134

Upright Discussions 《清议报》; *See Ching-i pao* 见《清议报》

W

Waichow uprising 惠州起义 94

Wan-mu ts'ao-t'ang 万木草堂 12,20,32,90—91

Wang An-shih 王安石 100

Wang Ching-ju 王镜如 95

Wang Ching-wei 汪精卫 103

Wang Mang 王莽 13,14

Wang Ta-hsieh 汪大燮 125

Wang, Y. C. 汪一驹 42

Warlordism 军阀政治; See Military power 见军事力量

Waseda University 早稻田大学 53

Wealth and power (*fu-ch'iang*) 富强 54—55,59

Wei-yen ta-i 微言大义; *See* Hidden and subtle meanings 见微言大义

Wei Yüan 魏源 14,18,141

Wen-ming（bunmei）文明 54—55；See also Modernity 亦见现代性

Wen-yen 文言 6

Western impact 西方冲击 9,31—32,141—142; technological 技术 3,41; See also Western learning 亦见西学

Western learning 西学: and K'ang Yu-wei 与康有为 19,21,24; and Liang 与梁 21,31—33,152,161—162; See also Democracy 亦见民主; Liberalism 自由主义; Science 科学; Social Darwinism 社会达尔文主义; Syncretism 融合; Translation 翻译

Wilson, Woodrow 威尔逊 143

Work ethic 工作道德 62

World War I 第一次世界大战 134,145—146,162

Wu Chih-hui 吴稚晖 103,157—158

Wu Hsiang-hsiang 吴相湘 113,123

Wu Lu-chen 吴禄贞 109,110

Wu T'ing-fang 伍廷芳 25

Wuchang uprising 武昌起义 109,112

Wuhan 武汉: as a revolutionary base 作为革命基地 112; See also Li Yüan-hung 亦见黎元洪

Y

Yamada Ryōsei 山田良政 47

Yang-chou shih-jih chi（*Ten Days' Sacking of Yang Chou*）《扬州十日记》26

Yang Chu 杨朱 154

Yang Ju-mei 杨汝梅 129

Yang Tu 杨度 104

Yang Wei-hsin 杨维新 143—144

Yen-chiu Hsi 研究系; *See* Research Clique 见研究系

Yen Fu 严复 5,25,29,56,72,75

Yen Hsi-shan 阎锡山 113—114,116

Yin-yang thought 阴阳思想 15—16

Ying-huan chih-lüeh（*A Brief Description of the World*）《瀛寰志略》12

Yoshida Shin 吉田晋: name adopted by Liang 梁采用的日文名字 46
Yoshida Shōin 吉田松阴 46
Yüan K'e-ting 袁克定 129—130
Yüan Shih-k'ai 袁世凯 104,106—114,117—132

译后记

有幸深入研读黄宗智先生的《梁启超与近代中国自由主义》（下文简称《自由》），缘于 2015 年我撰写博士论文时的文献研究。近百年来梁启超研究已经成为思想史尤其是海外汉学近代中国研究的一个传统，中外堪称经典研究的就多达数十种。国内数十年来对梁启超研究可谓反复深耕，举足轻重的海外成果几乎都有中译本，唯有黄先生此著未进入中文读者的视野。清华大学刘东教授主编的"海外中国研究丛书"已出 190 余种，也未收入此书而沧海遗珠。然而译界的疏漏并不意味着它在梁启超研究领域中失去了重要性。相反，我在一年多的文献阅读和梳理中，始终无法绕开黄先生的著作，迫使我逐字逐句完成了全书的精读。他的观点尽管未必为多数学者所赞同，甚至往往成为后学立论的批评靶向，但正如黄先生对萧公权教授在梁启超研究上的肯定那样，经过近半个世纪，我们"仍然未发现与该研究有何实质性分歧"。自 1972 年出版以来，《自由》在中英文文献中仍然是该领域引用最频繁的著作之一。

《自由》更多的是被黄先生本人的学术光辉所覆盖。尽管《自由》是黄宗智先生的学术处女作，但是作为享誉世界的华人学者，其取得瞩目成就的研究领域是明清以来的中国社会史、经济史和法律史。他研究中国近代农村社会经济的著作先后获得过"费正清东亚研究图书奖"（1985）和"列文森中国研究书籍奖"（1992），而在他的整个学术生涯中，几乎再没有涉足过梁启超个案的研究。因此在其璀璨的学术星海之中，最初的明珠反而暗淡了下去。但是作为"第一个重要的学术研究"，无疑该著作包含了黄宗智先生最鲜明的学术训练的根基，最初的同时也草蛇灰线地贯穿其整个学术研究的问题结构，甚至隐含着其理智与情感之张力的源头。

黄宗智先生在其《问题意识与学术研究——五十年的回顾》（《开放时代》2015 年第 6 期）一文中，以及 2019 年 11 月 6 日以 80 岁高龄在南开大学"百年南开大讲堂"作的题为"连接经验与理论——国内教学十五年的回顾、总结与进一步思考"的演讲中，都曾系统地回顾了自己的治学经历。黄先生认为自己作为美国华裔学者，类似于梁启超，面临着中西思想、文化并存之间的张力。黄先生的父亲是通过"庚子赔款"留学哥伦比亚大学的经济学博士，母亲则出自中国农村传统耕读之家，西方理智与中国传统价值在他身上更具有实在性。以《一个儒家自由主义者：梁启超的行与思》（1966）作为博士论文，是深受父亲及导师萧公权教授的影响，在坚实的旧学中发掘西方的古典自由主义价值。同时《自由》也是对列文森中国与西方、价值与理智二元对立观的挑战，强调两者始终并存并相互融合，这既是他的梁启超研究的基本范式，同时也是他本人试图平衡的思想立场。但是价值与理智的并存和融合并不能真正解决问题，恰如梁启超的近代中国自由主义的失败所显示的那样，在完成《自由》以应对"教学职位终身权考核"后，黄先生进而开始强调"理论与经验证据之间的连接"，"逐步脱离了集中于精英的思想史研究"，深深探入中国华北、江南乃至更广阔的基本事实之内。

可以说,《自由》中倾注了黄先生本身的思想和情感关切。因此细读全书,文字背后有"同情之理解,理解之同情",这让该著作从众多梁启超研究经典中脱颖而出。它既与国内学者对西方的隔膜不同,又与美国几代汉学研究纠结于"中心论"——无论是西方中心论抑或中国中心论——不同,《自由》的论证视角落在中西之间的梁启超的主体立场上,在其思想内外的困境中考察其迫不得已的"痛苦"选择。

相对于很多动辄数十万言的大部头,《自由》在极为精练的篇幅内纵论了梁启超1890年至1924年前后学术思想的变迁。黄先生始终强调"在最翔实可靠的经验证据的基础上来决定对不同理论及其不同部分的取舍"。《自由》的"经验证据",除了精通《饮冰室合集》,以及充分掌握二手研究文献外,还包含了大量的中文、日文及英文一手材料,如日本外务省警察报告、东亚同文会资料等都是首次被使用。至少在我准备博士论文前,我非常庆幸深入研究了《自由》,它带给我的不仅是一个清晰而完整的梁启超思想光谱,更多的是一种学术训练的典范——青年学者走向独立研究时,如何建立自己的问题意识以及驱遣材料和解决问题的方法。简明而清晰的论述,紧追问题的层层推进,以及以一个支点撬动整个庞大的思想体系,这些品质同样为希望绕开连篇累牍或不见全貌的陷阱的业余爱好者打开了一扇通向梁启超思想世界的大门。

当我重新坐下来,以严肃的翻译方式再次进入《梁启超与近代中国自由主义》时,在黄先生的导引下,常恍惚立于梁启超先贤之畔,其内热饮冰、坐言起行,其殚精竭虑、喜怒哀乐,如低语于耳,如形容于目,经历了一场跌宕深邃的思想旅程。最后感谢任洁编辑的热情帮助和支持。感谢我的工作单位三亚学院对我的支持，使得翻译能够顺利完成。作为晚学，翻译中的错漏及未能尽善之处，请读者谅解并指正。

王　圣

2023 年 3 月 23 日于三亚学院

著作权合同登记号：陕版出图字 25-2018-200
图书在版编目（CIP）数据

梁启超与近代中国自由主义／（美）黄宗智著；王圣译. —西安：西北大学出版社，2023.5

ISBN 978-7-5604-5088-9

Ⅰ.①梁… Ⅱ.①黄…②王… Ⅲ.①梁启超（1873—1929）—自由主义—思想评论 Ⅳ.①B259.1

中国版本图书馆 CIP 数据核字（2022）第 004374 号

Liang Ch'i-ch'ao and Modern Chinese Liberalism by Philip C. Huang
Copyright © 1972 by the University of Washington Press.
本书中文简体字版专有翻译出版权由 University of Washington Press 授予西北大学出版社有限责任公司。未经许可，不得以任何手段和形式复制或抄袭本书内容。

梁启超与近代中国自由主义

[美]黄宗智 著　王圣 译

出版发行：西北大学出版社
（西北大学校内　邮编：710069　电话：029-88302621　88303593）

经　　销	全国新华书店
印　　装	陕西博文印务有限责任公司
开　　本	889 毫米×1194 毫米　1/32
印　　张	7.875
版　　次	2023 年 5 月第 1 版
印　　次	2023 年 5 月第 1 次印刷
字　　数	190 千字
书　　号	ISBN 978-7-5604-5088-9
定　　价	68.00 元

本版图书如有印装质量问题，请拨打电话 029-88302966 予以调换。